산불에 길을 잃어도
울림의 싹으로 돌아오라

절망의 숲에서도
희망의 나무를 심는
한국문인 116인의 글

산불에 길을 잃어도
울림의 싹으로 돌아오라

공중진화대 기계화시스템 진화

특수진화대
공중진화대 진화

호스를 전개중인 진화대원(2025 안동)

경북 의성군 옥산면 산불 _ 산불지연제(2025. 3. 24.)

폭격을 맞은 듯한 해변마을 (2025 영덕)

고운사 전소 후 범종 잔해

산불로 인해 전소된 선박(2025 영덕)

산불재난대응

용암으로 변해버린 산
(2025 의성)

잔불 정리하는 대원들

화마와 싸우는 산불재난 특수진화대(2025 의성)

목차

책을 내며	22	상처 입은 산야에 전하는 116문인의 희망 메시지 **김선길** (사)한국산림문학회 이사장
축하의 글	24	소중한 목소리에 감사하며 **김인호** 산림청장
마음시	26	숲을 지키는 불의 전사들이여 **이서연** 시인

**산불에
길을 잃어도
시의 싹으로
돌아오리**

30	**강정화** / 산불경보령
32	**공광규** / 시집과 트럼펫
33	**구재기** / 낮은 목소리 하나
	눈부신 노을
	그림자
37	**구충회** / 산불
38	**권순자** / 나무, 죽어도 죽지 않는다
40	**김관식** / 꽃샘바람 화났다
	산불사화
45	**김도희** / 지나간 자리
	이대로 살순 없네요
48	**김선길** / 숲의 왕국을 지키다 산화한 분들이여
	해풍에 솔바람 춤추던 곳
52	**김선아** / 고운사 비화
	화마 뒤집어 보기
54	**김선우** / 희망을 심는 한 톨의 씨앗

산불에
길을 잃어도
시의 싹으로
돌아오리

55　**김선진** / 저 생명이 울부짖는데
　　　　　아득한 소원
59　**김수야** / 온 산천아, 세상도 울다 지쳤다
60　**김수연** / 고운사 범종
61　**김수원** / 아귀
　　　　　검은 행성
65　**김수진** / 잿빛 위에서
66　**김영기** / 산불
　　　　　위급한 곳에 헬리콥터 간다
68　**김영란** / 아까시꽃은 피고 있었다
70　**김용덕** / 따개비 마을
71　**김운중** / 불길 넘은 식목
72　**김유조** / 다시 '심조불산'
74　**김윤숭** / 산불영웅
76　**김인숙** / 그날의 환영幻影을 본다
77　**김재구** / 검은 숲이 울다
78　**김재준** / 도화동산에서 수묵화를 바라보다
80　**김진순** / 당신들은 영웅이십니다
82　**김철기** / 산, 산이라서
83　**김청광** / 소리를 빼앗긴 범종梵鐘
　　　　　난민亂民
85　**김황지** / 비 내리고
86　**남해인** / 강풍이 돌아갔어요
　　　　　산불 이재민 할머니
89　**노재연** / 산불, 미래를 태우다
　　　　　잿더미에서 들리는 숨결
　　　　　도화동산

산불에 길을 잃어도 시의 싹으로 돌아오리

- 92 **라춘실** / 날아다니는 불꽃을 보며
- 94 **박성기** / 산불됴심
- 95 **박수화** / 강 건너로 불길이
- 96 **박여람** / 산불과 휴대폰
- 97 **박재현** / 소나무의 눈물을 보셨나요
- 99 **박헌오** / 식장산 화염
- 100 **배택훈** / 고약한 봄날
- 101 **변광옥** / 산지기의 기도
- 103 **송종국** / 돌아온 영돌이와 대추
               등운산 고운사의 통곡
- 108 **신순임** / 산불이 지나간 자리에서
               오월 연휴에
- 112 **신원철** / 불귀신 툭툭
- 113 **심은석** / 야단법석은 가라
- 114 **엄선미** / 그림자 꽃
- 116 **우상하** / 안동 산불
               고슴도치 놀이터
- 118 **우아지** / 산타독
- 119 **우인순** / 대답 없는 숲, 어이할꼬
- 120 **우형숙** / 대형산불, 그 지옥의 불길에도
- 121 **유임종** / 괴물
               나의 걱정
- 124 **유자효** / 새
- 125 **유회숙** / 산은 길을 품는다
- 127 **윤수아** / 잔인한 봄
- 129 **이관순** / 내 속을 태우지 마소
               풀의 분노

산불에 길을 잃어도 시의 싹으로 돌아오리

- 133 **이근배** / 여시 불
- 134 **이석규** / 산이 숨을 멈추면
- 135 **이승복** / 비명
- 137 **이영경** / 지옥의 불꽃 앞에서
- 139 **이영철** / 화마火魔
- 140 **이예리** / 산불, 그 후
- 142 **이우림** / 화령火囹
  노여움 푸소서
- 145 **이윤정** / 불씨 하나가 천 년의 숲을 지운다
  하늘이여, 물의 신이여
- 147 **이일희** / 산불 끄는 마음으로
- 148 **이임선** / 화마가 삼킨 숲, 그 후
- 149 **이재곤** / 화마에 무너진 삶
  산불은 악마다
- 151 **이창호** / 무정한 봄바람에게
- 153 **임경주** / 산불이 지나간 자리에서
- 154 **임정현** / 산불, 그 후 명상
- 155 **장동석** / 아, 강산이여
  불길 속에서
- 159 **장은재** / 불꽃의 장송곡
  산의 작은 소원
- 162 **장재관** / 희망은 버리지 말지어다
- 164 **장찬영** / 실수 할 게 따로 있지
- 166 **장효식** / 잃어버린 가운루
- 168 **전애실** / 기우제
- 169 **전재복** / 거기 누구 없나요?
  지옥문이 열렸다

산불에
길을 잃어도
시의 싹으로
돌아오리

173	**전찬균** / 우리 아빠는 의용소방대
175	**정두리** / 산은 다시 산이 된다
176	**정숙진** / 그대 나무여
	나무도 심고 집도 짓고
179	**정시식** / 화마가 앗아간 만지송
	화마 쫓은 은행나무
181	**조연환** / 산불
	저, 소나무
	수목송
186	**조재학** / 3월. 일요일. 오후 2시는
188	**조정기** / 낯선 환상통
189	**주로진** / 불씨
	고운사 범종
191	**지은경** / 바람 탄 산불
193	**진길자** / 불타는 산을 보며
	금강송은 지켜냈다
195	**차옥혜** / 불탄 산과 마을이 운다
	소방관에게 안전한 장비와 휴식을
	농촌 쓰레기만은 지역 관청에서 처리해야
200	**최대승** / 멈추게 하소서
	고운사 범종
204	**최영희** / 망각의 퍼즐
205	**태동철** / 눈이 깜깜해
206	**한영례** / 을사년 산불
207	**허형만** / 따뜻한 생명
208	**홍윤표** / 산불은 재난

산불에 길을 잃어도 글향의 씨앗으로 돌아오리

- 212 **고기연** / 산불, 이제는 패러다임 전환을 요구한다
- 215 **권경익** / 산불이라는 전장에 서서
- 222 **김국회** / 일그러진 얼굴
- 228 **김복임** / 피난준비
- 231 **김선완** / 고슴도치 능선
- 235 **김용덕** / 잿빛 마을, 붉은 심장을 안고
- 240 **김정곤** / 숲에는 생명의 길이 있다
- 245 **김철희** / 산화散花
- 249 **남성현** / 산불이 바꾼 숲의 새로운 명제
- 252 **류성신** / 불에 탄 부모님의 소나무
- 256 **박봉식** / 불꽃과의 전쟁 산불 잡는 용사
- 262 **박현오** / 산불의 기억과 상상
- 267 **서기홍** / 노봉마을 뒷산에 난 불
- 270 **손병기** / 숲사랑도 애국이다
- 273 **신인철** / 돌아온 '대추'
- 276 **신재일** / 산불 전우애
- 280 **심은석** / 식목일에 돌아보는 산불위험
- 283 **오명훈** / 그들의 영혼을 사랑하지 못한 죄
- 285 **이 란** / 만날 수 없는 길
- 289 **이원환** / 산이 울부짖던 날, 무엇을 잃었나
- 292 **이종삼** / 산불 현장 에피소드
- 295 **장은재** / 숲의 절규가 악몽으로 남아
- 299 **정윤수** / 불구경으로 끝낼 수 없다
- 304 **조은경** / 생명의 숲, 산불로부터 지키자
- 309 **주원섭** / 어찌 소나무와 바람을 탓하는가?
- 313 **최병암** / 불火과 물水, 그리고 나무木
- 317 **편영의** / 백년지진百年之陣을 안목眼目으로
- 320 **한태천** / 꺼지지 않은 산불
- 324 **홍만희** / 무엇이 화마火魔를 불러일으켰는가

책을 내며

상처 입은 산야에 전하는
116문인의 희망 메시지

김선길 _ (사)한국산림문학회 이사장

　오늘 한국산림문학회는 한국 문인들과 함께 한 권의 특별한 문집을 발간하며 기쁘고 또한 가슴 깊이 묵직한 마음을 느낍니다. 이것은 단순한 서정적 문집이 아니라 '산불'이라는 상처를 주제로 다룬 시와 수필을 모아, 자연과 인간, 그리고 그 사이의 상생을 고민하는 기회를 제공하고자 한 문집이기 때문입니다.

　산불은 우리에게 많은 것을 상기시킵니다. 불이 가진 파괴적인 힘과 동시에, 생명력의 회복 가능성을 가져다줍니다. 또한 상처 입은 생명을 보듬고 치유의 길을 모색하는 지혜를 줍니다. 따라서 이 문집은 단지 산불의 참혹함을 기록하는 데 그치지 않고, 그 안에서 피어나는 여러 감정과 생각들을 나누기 위해 구성되었습니다. 각 글 속에 담긴 작가들의 진솔한 감정과 깊은 통찰은 산불이 남긴 상처와 치유의 과정을 함께 느끼게 할 것입니다.

이 문집에는 다양한 작가들의 목소리가 담겨 있습니다. 개인적인 경험과 관점을 바탕으로, 산불이 우리 사회와 자연에 미치는 영향을 깊이 있게 탐구하였습니다. 이를 통해 우리는 단순한 피해의 차원을 넘어, 우리의 삶과 환경에 대한 성찰의 기회를 가지게 될 것입니다.

읽는 이들에게 가슴에 와닿는 한 편의 시와 산문이 되기를 바라며, 이 문집이 자연과의 교감, 그리고 우리의 책임에 대해 다시 한번 생각해보는 계기가 되기를 희망합니다. 우리는 불길이 지나간 자리에 새로운 생명과 희망이 자라나는 모습을 보며, 앞으로 우리가 나아가야 할 길을 다시 확인하게 될 것입니다.

이 문집을 위해 열정적으로 글을 써주신 모든 작가분들께 깊은 감사의 말씀을 전합니다. 작가님들의 목소리가 국민들의 마음을 울리고, 산불예방과 대책, 그리고 상처 입은 이들에게 위로와 희망을 주는 메시지가 되어 실천을 이끌어 낼 것입니다.

축하의 글

소중한 목소리에
감사하며

김인호 _ 산림청장

    올해 역사상 가장 큰 산불 피해를 딛고, 한국산림문학회가 '산불'을 주제로 귀한 문집을 발간하게 된 것을 진심으로 축하드립니다. 무엇보다 자연과 숲을 사랑하는 작가 여러분께서 산불의 상처를 담은 글을 모아주셨다는 점에 깊은 감사를 드립니다. 이 문집이 국민들과 함께 산불의 의미와 그 교훈을 되새길 수 있는 소중한 계기가 되기를 바랍니다.

    산불은 우리 국토와 생태계에 큰 영향을 미치는 재해로, 수백 년에 걸쳐 쌓아온 소중한 산림자산을 순식간에 잃게 합니다. 지난 산불 현장에서 많은 산림자원과 생명들이 큰 상처를 입었지만, 그 고통 속에서도 우리는 회복의 희망과 더 나은 미래를 위한 과제를 발견할 수 있었습니다.

이번 문집은 산불의 아픈 이면과, 극복과 성찰, 그리고 공동체의 지혜가 어떻게 모일 수 있는지를 작가님들의 다양한 시선으로 보여주고 있습니다. 이 글들이 국민들께 큰 감동과 새로운 인식을 전해드리리라 확신합니다. 산림청도 이러한 소중한 목소리를 정책에 적극 반영하여, 산불로 훼손된 산림의 복구와 안전한 숲 조성을 위해 더욱 힘쓰겠습니다.

자연보호와 건강한 산림관리는 국민 한 사람 한 사람의 관심과 참여가 더해질 때 더욱 값진 결과를 낳을 것입니다. 이 문집이 보다 많은 이들에게 자연과 인간의 공존 가치를 일깨우고, 산림보호 의지를 높이는 계기가 되기를 기대합니다.

뜻깊은 문집을 집필해주신 116분의 작가님들과 창립 25주년을 맞은 한국산림문학회 모든 분들께 다시 한번 깊은 감사의 말씀을 드립니다. 앞으로도 숲을 지키고자 하는 우리의 마음이 널리 울려 퍼지기를 희망합니다.

감사합니다.

산불진화 대원들을 향한 마음시

숲을 지키는 불의 전사들이여

분명 조용했다
어제처럼 오늘도 그리고 늘 그러했듯이
새들의 오래된 지저귐은 여전하고
얌전한 바람의 속도에
잎새들은 속삭임을 즐기고 있었다

그러나 고요를 질투하는 신들의 장난
어디선가 소리 없이 시작되면
마치 그 흔적을 남기지 않으려는 듯 멈추지 않는다
시나브로
한없이 부서지는 고요의 파편만큼
산속에서 들리는 울부짖음이 거칠어진다
바람마저 화마의 잿빛 날개를 날라주고
붉은 혀에 휘감긴 나무들 사이로
보금자리를 잃은 뭇생명들 비명까지 까매진다

깊은 산 정적을 깨는 사나운 불꽃의 갈망을 누가 멈출까

타오르는 산이 그대를 부르면
그 부름에 주저 없이 응답하는 자여-
자연의 울부짖음에 그대의 심장은 강철이 된다지
두려움 대신 의지를 꺼내 들고
붉은 지평선이 잿빛 하늘마저 삼키려 할 때

이서연
(사)한국산림문학회
부이사장

한 손엔 물, 다른 손엔 희망을 들고
화마가 쏘는 연기에 맞서 용기를 휘두른다지

찢어질 듯한 숨소리 따라 거칠어지는 손
길이 없는 불길에 그을린 얼굴
불꽃보다 더 붉은 눈빛
숲의 심장을 지키려는 가슴엔 흔들림 없으니
저 먼 별도 그대 앞에선 말을 잃지
그대는 불길 속에서 빛나는 별이니까

그대의 투혼만은 삼키지 못한 채 사라지는 화마

그대들 검은 땀방울은 빗물이 되고
그대들 투지는 숲의 숨결이 되니
헌신의 조각들 땅에 새겨져
다시 피어나는 생명으로 돌아나리

붉게 타오르는 숲속에서 생명 품은 땅을 지키는 그대여-

숲은 기억하리라
마지막 한 톨의 불씨마저 찾아 온몸으로 막는 그대를
심장의 핏물까지 뿌려가며 화마와 맞선 그대를

숲은 말하리라
그대가 있어 다시, 생명으로 돈다고
그대가 있어 다시 돈은 생명, 지금 푸르다고

산불에 길을 잃어도

시의 싹으로 돌아오리

산불 경보령

가깝게는 딱 20년 전 을유년 애석한 기억 중
강원도 고성 산불로 최악의 경보령 울리고
천혜의 경관이 화마로 문화재인 낙산사가
전소되는 장면이 TV로 현장 중계 때
시청자와 시민들이 발을 동동 굴렸지
형언할 수 없는 애석한 재난이었지
많은 산림과 헤아릴 수 없는 생명들
나라 산림은 값어치로 따질 수 없는
재건이 어려운 무형문화재 전소를
아 아, 이런 일을 당대에 당하다니
아픔과 고통 통감하는 무력감 어이하리

이 무슨 액운으로 초특급 산불 인가
2025년 청사년 경북 의성에서 발발한
인근 안동·청송·영양·영덕까지 70킬로
산불 둘레를 이레 밤과 낮 불태운 어마한 화마
산 넘는 뻘건 불기둥 이웃마을로 옮겨 가고
무서운 불길 하늘까지 삼킨 듯한 뜨거움
산도, 집도 경운기까지 타는 불에 혼비백산 되고
앙상한 집터 뒤엉킨 축사에 가축들 안부 모르며

강정화

사정없는 검정 숯덩이 된 민둥산의 깊은 상처
한순간 이재민 된 땅 일구던 어르신 기침소리
넋 놓고 쓰러진 불구덩이 된 산山의 신음소리
무섭구나 산불 경보령 소리에 오금이 저린다

강정화 1984년 월간《시문학》등단, 한국문인협회 부이사장, 시집『우물에 관한 명상』외. 한국시문학상, 대한민국예술문화 대상 수상 외

시집과 트럼펫

부산에서 살다 의성 시골로 이농해
큰 사과밭과 마늘 농사짓는 후배 동네도
지난 산불에 모든 게 폭삭 탔다고 한다

어디선가 시작된 산불이 산을 넘어와
펑펑 동네방네 날아다니며
산과 밭과 집과 과수원을 태우고는

하천과 도로와 마당을 건너며
산짐승 집짐승을 몰고 다니고
트랙터도 트럭도 승용차도 태웠다고 한다

느러터진 동네 노인들 피신시키느라
뒤늦게 자기 집에 도착한 후배 부부
방안을 배경으로 눈물어린 셀카를 찍고는

급하게 짐을 꾸려나온다는 게
식구들의 역사가 담긴 앨범과 그리고
시집 '담장을 허물다'와 트럼펫이었다고 한다

공광규 1986년 월간 《동서문학》 시 등단. 고서연구회 회장, (사) 한국산림문학회 회원, 시집 『서사시 금강산』 외, 산문집 『맑은 슬픔』 등. 신석정문학상, 제9회 녹색문학상 수상 외

낮은 목소리 하나 외 2

삶은 두려움으로 포위된
악몽이었다
누가 활활 타오르는 불꽃을
즐겨 노래하여 왔는가
두려움이 큰 분노로 바뀌게 된 지금
함께 하는 시간, 함께 지내온 자리
송두리째 사라져버린 지금
하늘을 우러러 보아도
아무리 땅을 치며 울부짖어 보아도
앞날은 너무 넓어 막막하기만 했다
알고 싶지 않은 죽음이
누구에게나 쉽게 알려지고
허락하지 않고 살아갈 수밖에 없는
그 많은 것도 필요 없다는 것을 알았다
그러나, 불꽃이 지나간 자리마다
삶의 흔적은 사라져버리고
검게 그을린, 주의 깊은 눈길이
하루의 주인이 되고 나면
얼마쯤 달리다가
목마르다는 것을 알아차리다 보면

변화는 작은 것으로부터 시작되었다
그렇다, 가장 맑은 물소리는
가장 낮은 곳을 찾아 흘러내렸다
흐린 데 없이 환하고, 새롭고
그러나 낯설도록 찾아오는
가장 낮은 목소리 하나
삶의 빛이 될 수 있을 줄이야
영원과 사랑에 빠져 살아가기로 했다

눈부신 노을

불꽃이
지나간 자리
흔적에는 위도 아래도 없었다
햇살이 비치는 데에도
깜깜한 어둠이었다
어둠이 가득하니
그림자 하나 보이지 않았다
울음을 넘은 통곡의 자리
어둠이 어둠으로 보이는 자리에서는
빛이 빛으로 보이지 않았다
그런데 이게 무슨 일일까
호수에 비친 산 그림자가
물결을 따라 마구 흔들렸다
나무의 그림자가 마치 수초와 같았다
마을의 깊은 골목 안에서
사람의 그림자가 나타나기 시작했다
아주 짙고 짧은 그림자가
시간이 지날수록 길어졌다
희망처럼 찬란해지기 시작했다

그림자

아픔이 크면 클수록
슬픔이 그림자처럼 따른다

다시, 아픔의 끝과 시작
그 너머를 보기로 하자

내일의 해가 뜨기 전
미리미리 아파할 수는 없다

구재기 1978년 《현대시학》으로 등단. 한국문인협회 부이사장. 시집 『솔숲, 정자 하나』 외. 수필집 『들꽃과 잡초 사이 사람이 산다』. 신석초문학상, 한국문학상 외

산불

내 애기 송곳니처럼 새싹이 돋았는데
꽃마다 망울망울 숨긴 가슴 열려는데
벌 나비 꿀을 찾아서 춤을 추며 올 텐데

화마가 삼킨 자리 폭탄보다 끔찍하다
초목은 자취 없고 잿더미만 쌓였어라
온갖 새 노랫소리를 언제 다시 들어보나

고운사 천년 고찰 한순간에 사라졌다
울진 봉화 금강송이 숯덩이 되었으니
어쩌나, 우리 문화재 무엇으로 복원하나

내 집은 흔적 없고 마을마저 삼켰다
어디로 가야 하나 어떻게 살아야 하나
수십 명 소중한 목숨 누가 다시 살리나

습관처럼 반복하는 인간이 밉고 밉다
기후 탓만 하지 말라 부주의가 불씨다
초토된 아름다운 산 언제 다시 보겠느냐

구충회 2011년 《시조생활》 등단, 세계전통시인협회 한국본부 부이사장, 한국시조협회 자문위원, 한국문인협회, 국제펜 한국본부 회원. 시조집 『미네르바의 연가』 외. 시천문학상 외

나무, 죽어도 죽지 않는다

불똥이 튄다
거대한 수풀이 비명을 지른다

검은 연기 속으로 질식되어가는 나무들
동물들
검게 물든 숲 검게 물든 하늘
검게 물든 사람들, 가슴

소방헬기가 물을 퍼나르고
소방대원이 긴 호스를 이끌고 산악을 누빈다
불사신처럼 불길을 헤치며
불길을 죽이는 소방대원들도 검게 물들어간다

삼켜버리는 거대한 탐욕의 불길
잿더미 상처 신음 공포

불꽃이 세차게 튀며 수십 미터 날아간다
불꽃에 날개가 달린 줄을 미처 몰랐다

나무는 움직일 수가 없다
나무는 탈출할 수가 없다

타고 또 타고
자신이 파괴되고 이웃이 파괴되는 것을 본다

이 생이 그을리고 타서 재가 되더라도
정녕 죽지 않으리라

기억이 지워지기 전에 필사의 버팀으로
씨앗들은 더 멀리
불똥보다 더 멀리 날아가리라
날아가서 다시 싹 틔우리라

권순자 1986년 《포항문학》·2003년 《심상》 등단. 양천문인협회 명예회장, (사)한국산림문학회 회원, 시집 『청춘 고래』 외, 시선집 『애인이 기다리는 저녁』. 시흥문학상 외

꽃샘바람 화났다 외 1
- 경북지역 산불

을사년 봄
의성, 청송, 안동, 영덕…
경북지역 산불은
농막 불씨, 담뱃불,
조상님 산소 뒷정리를 비롯 인재에서부터
아궁이로 놀러온 꿩까지
불이 붙어 산불을 내는 등 어이없는 일이 일어났다.

꽃샘바람은 화가 나서
불덩이를 마구 내던지며
버럭버럭 화를 냈다.
꽃샘바람 자신을 업신여기고
제 멋대로 불을 피운 사람들
더 이상 용서할 수 없다.
꽃샘바람은 미친 듯이 계엄령을 선포했다.

온산에 꽃불 켤 준비하는
개나리꽃 진달래꽃, 매화꽃…
고래 싸움에 새우 등이 터지듯이
엉뚱하게 된서리 맞았다.

김관식

꽃샘바람은 마구 불덩이를 휘날렸다.
불덩이는 뱀처럼 혀를 날름거리며
숲속을 갈팡질팡
옮겨 다니며 온산을 겁탈했다.

빽빽이 우거진 숲
꽃샘바람은 이글이글 불덩이를 날리며
멧돼지처럼 인가로 내려와 마을을 덮쳤다.

꽃샘하는 우리들이 화가 나면
이렇게 무서운 줄 몰랐을 거다.
해마다 봄이 오면 샘을 내고 길길이 날뛰었는데
너희들은 우리의 존재를 너무도 무시했다.
힘 있다고 뻐기는
오만한 무리를 그냥 내버려 둘 수 없어서
최후 수단인 계엄령을 선포할 줄
너희는 미처 몰랐을 거다.

금수강산 대한민국을
하루아침에 쑥대밭을 만들어 놓았다.
온 마을, 정박한 어선, 잿더미로 변했다.
수백 년 조상들이 남긴 문화유적도 흔적 없이 사라졌다.
집짐승도 불에 타고 산짐승도 불에 타 모두 죽었다.
미처 피하지 못한 사람들도 죽었다.

한순간, 한 사람의 어이없는 실수가
꽃샘바람의 화를 부추겨
엄청난 재앙을 가져왔다는 것을
뼈저리게 깨달았을 것이다.

산불사화

조선시대 간신들의 싸움박질
을사사화를 기억하시겠지요.
음모를 꾸며 반대파를 몰아내는
당쟁의 역사
사라진 아궁이 산으로 옮겨
산불사화를 재현했다.

해마다 봄이 오면
힘 잃은 동장군의 분노
벼르고 벼르다가
을사년 봄 드디어 폭발했다.

산으로 옮겨온 아궁이가 불이 붙었다.
품어왔던 앙심은 활활활 불꽃을 내뿜어댔다.
꽃샘바람은 마구 풀무질을 해댔다.

나무꾼을 몰아낸 산에는
나무들이 울창하게 우거지고
해마다 가을이면 떨어진 나뭇잎들이

나무의 발밑에 차곡차곡 쌓아놓고
과거로 되돌릴 기회를 엿보고 있었다.

경북 의성, 청송, 안동, 영덕 등에서
드디어 앙갚음할 기회를 만났다.
을사년 봄
아궁이의 반란
산불사화가 일어났다.

김관식 1976년 〈전남일보〉 신춘문예 평론 입상, 1998년 《자유문학》 시 등단, 1979년 《아동문예》 동시 천료. (사)한국산림문학회 회원, 시집 『가루의 힘』 외. 김우종문학상 외

지나간 자리 외 1

천년고찰 고운사가 산불에 휩쓸렸다
굵은 소나무가 우거진 숲을
삽시간에 덮치더니 산허리를 조여온다

붉은 빛의 초점은 거세지고
새파랗게 눈을 부릅 뜬 채 날아다닌다
거대한 병마가 몰려오듯
삽시간에 전체가 불속이다

종루에 범종은 주저앉아 갈라졌고
대웅보전의 부처님은
자세를 가다듬고 호흡을 깊게 했다
장정 서넛도 들지 못한 서슬이 퍼런 기세도
화마는 비웃듯 넘실거렸다

누각들은 사라지고 잿더미만 남은 시간
천년 어록도 한줌 재로 사라진 자리
잿더미 위에서 나둥그라진 범종은
패잔병처럼 누워
대웅보전을 지켜낸 햇살 앞에 눈부셨다

김도희

이대로 살순 없네요

산맥들이 웅웅댄다
터덕터덕 오르는 걸음이
오싹하다
또 어디서 불이 날까
노이로제로 남은 등껍질
휘어진 장송을 바람이 어루만진다
아니야 괜찮아
이제 화마도 사라졌으니 안심하렴
그래도 이대로 살순 없네요
앙칼지게 구름이 휘몰이를 한다
타닥타닥 지팡이
소리에도 움찔 잎새가
바싹 마른 기침을 토한다
무언가 대책을 세워야 하지 않을까요
이대로 더 이상 당할 순 없잖아요
산맥으로 지나가던 바람이
잠시 긴 한숨으로 또아리를 튼다
사람들의 인식이 깨어나야 해요
산이 끝까지 모두를 받아낼 순 없잖아요

걸러낼 건 걸러내고 남길 건 남아야지
이대로 속수무책 검게 타들어간
고통을 남겨둘 순 없잖아요
파리한 목숨줄에 새살이 돋아나면
그들을 지켜내야 하잖나요

김도희 2000년 《한맥문학》 등단, 한국문인협회· (사)한국산림문학회· 금천문협 회원. 시집 『봄을 여는 소리』, 『소리, 그 길에 서다』

숲의 왕국을 지키다 산화한 분들이여 외 1

어디까지 치달리려 했던가
어디서 멈추려 했던가

황폐한 산야 대물림할 수 없어
강산에 나무 심고 씨 뿌려 꽃 피우니
새들 분주한 지저귐에 실버들 넘나들고
울창한 녹음, 계곡 청아한 물소리가
귓불에 매달렸건만
인간의 실수를 삼키지 못한 화火, 마귀로 바뀌었다

산수유 피는 봄을 유황불이 삼키었구나

봄날 나른함 깨고 휘몰아치는 광풍이
화마火魔를 불러 벌인 불잔치가
뼛속을 쑤시는 회오리를 일으켰다

검붉은 고요가 잿빛 미로 속을 헤멜 때
산자락에 기대 살던 민초들의 아우성
화염 따라 솟아오르고
대지를 휘감고 타오르는 초목의 비명
나무들 절규로 숲 폐부가 발겨질 때

김선길

보금자리 사라진 날짐승 들짐승 울부짖음
100년 세월이 허공에 잿빛으로 흩날렸다

강산을 가꾸어온 푸른 녹화 전사가 있듯이
유황 불꽃에서 산을 지키는 진화대가 있다
화염으로 아우성치는 산야가 전사를 부르면
그 부름에 달려가는 전사들의 심장이 뜨거웠다

강철 같은 의지를 지닌 그대
죽음에 대한 두려움이 어찌 없으랴마는
푸른 사명감 하나만으로 불바다로 들어갔으니
그 거룩함에 합장을 보낸다

검붉은 화마 두려움 이겨내고
숲을 지키려는 의지 하나 들고 투혼했던 그대들
불보다 더 강한 애국의 눈빛에 화마火魔도 떨었으리라

우리는 길이 그대들을 기억할 것이다
타버린 그루터기에서
숭고한 투혼이 뿌린 생명이 다시 움틀 때
이 생명의 터전이 누구의 땀으로 다시 살아난 것인지
잿속에서 검은 피를 흘리며 희생한 이들이 누구였는지
푸른 강산을 지키려 목숨을 걸었던
숭고한 그대들의 의지를 기억하리라

해풍에 솔바람 춤추던 곳

임인년 잔인한 삼월의 소용돌이 불꽃
청정 울진의 초목은 회오리쳐 불타고
죽음의 파도로 하늘도 검붉게 물드니
꼼짝없이 통째 사그러진 생명의 시간들

화마는 울창한 금강송 군락을 할퀴고
옹기종기 정들은 산촌의 보금자리들
단말마를 남기고 불길 속으로 사라져
잿빛된 눈물에 긴 악몽이 절규한다

해조음 들으며 천년을 꿈꾸던 곳
푸른 사명감으로 키워왔던 솔의 땅
양간지풍 화마 속으로 곤두박질치니
새소리마저 끊어진 적막이 회색빛이다

봄물로 올라올 꽃다운 신록은 잎도 못 펴고
타다 남은 찔레넝쿨 길섶에 헝클어졌건만
그래도 새순 피우고 꽃피울 날 기다리는가
잿속에 듬성듬성 연둣빛 실눈이 올라온다

영혼의 모서리까지 타버린 푸른 산
타다 남은 상수리 홀로 먼 꿈을 꾸고 있다
그 꿈엔 더 푸른 열매 있으리란 걸
하늘은 결코 무심하지 않으리라

김선길 《산림문학》 시·《월간문학》 시조 등단, (사)한국산림문학회 이사장, 시집 『나무아래 바람으로』

고운사 비화 외 1

저승 가지 못한 기와 조각만 별처럼 쌓여 있다
회백색 수의를 소복이 입고
멀리 저 멀리 떠나간 비화를 합장하는 이승과 저승 사이

준비되지 못한 대처들
살아남은 전각을 슬며시 넘는 높고 낮은 심장들
뜨거워도 뚫을 수 없었던 너울들

사랑은 순식간에 오기도 하지만
때 없이 가기도 했다
가면 다시 올 수탈을 잡풀보다 질기게 붙잡고

천지 사방 물소리 불소리 받아치는 굴삭기
산 자들의 새살을 튼다
둥글게 두루 둘러쌀 만고의 만다라여.

김선아

화마 뒤집어 보기

과실도 키우고 버섯도 피워내는 비옥
보시를 한 거라네
조건 없는 보시
마음이 정갈해지고 편안해지는 무주상보시

수없이 밟히면서도
수없이 많은 아버지와 어머니를 가지고 있으면서도
뻐기지 않고
단순하지 않은 색맹 흙

사람에게 보시하고
물에게 보시하더니
이제는 붉은 불에게 보시하네

온몸 할퀴고 쓰라려도
결국 다시 살아나는 생명력
게으름은 용서하지 않는 흙도
때로는 성냄 할 때가 있다.

김선아 2005년 《대한문학세계》 시 등단. 부산여성문학인협회 이사장. 한국문인협회·한국여성문학인회 이사, 국제펜한국본부 심의위원, 시집 『뭉툭』 외. 한국문협작가상 외

희망을 심는 한 톨의 씨앗

강릉에서
동해, 삼척에 악마가 날뛴다
죽은 전신주인데
그날 미친 듯이 살아 불벼락을 뿜는다

흙 흙 흙 흙은 통곡한다
흑 흑 흑 흙속에 뿌리만 남은 채 목이 탄다

숯 검댕이 산과 들
시름의 우물은 깊어만 가고
화마가 덮친 생생한 증언들
덜 아문 상흔에 치유의 약으로

한 톨의 씨앗
지구의 허파가 되고
이재민 냉가슴 살포시 안아주고
사계절 푸릇푸릇한 희망을 심어
산소탱크 미래 목木으로 다시금 깊이 뿌리내린다.

해월 김선우 《산림문학》 시 등단, (사)한국산림문학회·양양 문인협회·설악문우회 '갈뫼' 동인지 정회원. 양양군 교통약자 이동지원센타 근무 중

저 생명이 울부짖는데~ 외 1

김선진

따르릉 따르릉
잠자는 내 두 귀를 때리는 벨 소리

태백을 태우다 태우다
온 산야를 벌겋게 태우던
산불이 남하하고 있다는 다급한 목소리
무엇을 어떻게 해야 할지
분간을 잃고 허둥지둥 헤맨다

산과 숲을 태우던 그 붉은 혓바닥
끝내 마을까지 핥아내 듯
의성 막내 고모부 양돈 축사를 삼키고 있었다

꼬물꼬물 아직도 사방천지를 분간 못하는
어린 새끼 돼지 500여 마리

동서남북의 갈 길도 잃은 채
화마가 밝혀주는 불길이 길 인양
자꾸만 더듬다가, 따라 가다가
순식간에 덮쳐 온 붉디붉은 손아귀에
벗어 날 수 없어 몸부림치던

아직도 어미 품만 파고드는
연분홍 살결의 새끼 생명들

삽시간 모두가 숨져 버렸네,
불러도 소리쳐도 기척이 없구나

우리 인간은
그 어떤 사죄의 기도도
그 어떤 참회의 불공도
숨진 생명들로부터
실오라기만 한 용서라도 받을 수 있을까.

아득한 소원

나 어릴 적
민둥산이 서늘하여
해마다 선생님을 따라
산림녹화 제창하며
산을 타고 나무를 심었었네

산이 좋아
산그늘이 좋아
산세가 좋아
우리 강산을 지키던 어질고 순한 사람들

이제 가슴속 저 밑바닥까지
산불로 새까맣게 타버렸고
집도 절도 한평생 일군
농업의 귀한 손길도
갈 곳을 잃고 헤매고 있네

누구의 잘못인가
강원도에서 경북 경남으로
봄바람은 불쏘시개 되어
우리의 산맥을 집어 삼키네

구름도 늦잠 자서
비를 내리지 않았던가

하느님도 마실 가셔서
산불 난 걸 모르셨을까

첨단을 부르짖는 우리 세상
AI가 아무리 일러줘도
재난을 이기는 인간의 초능력은
아직은 멀고도 아득하기만 한 소원일 뿐.

김선진 1989 월간 《시문학》 등단. (사)한국산림문학회 회원. 시집 『숲이 만난 세상』, 『몽환의 다리에서』 외. 산문집 『소리치는 나무』. 제11회 산림문학상, 제37회 윤동주문학상 수상 외

온 산천아, 세상도 울다 지쳤다

이 흙에 태를 묻고 덩이가 되었다
뻐꾸기 울음까지 훔쳐 간 화마는
진달래 체온마저도 유서처럼 남겼다

힘 다해 쓰러져도 할 말이 많았던가
썩은 뿌리가 숨 좀 달라 외치던 그때
산속의 불의 전사도 주저앉고 말았다

비를 기다린 세상은 울다 지쳤고
세월의 흔적이 남아 있는 옛 집터
추억이 피어나는 곳곳 그리움 일렁인다

김수야 2012년 《문학공간》・2018년 《시조시학》 등단, 울산문인협회, 오늘의시조시인회의, (사)한국산림문학회 회원, 공감시울림 이사, 고래문학회 회장, 시조집 『어스름이 먹을 갈 때』 외

고운사 범종

저무는 먼 산언덕에
피어있는 진달래
검게 그을린 종 애틋이 바라보다
너무도 황망해서
꽃잎 다 못 열고 옴츠리네.
바람결에 어우러져 흐느끼네.

화마가 할퀸 상처 털어내고
희망을 품고 일어나라
아픔도 고통도 지나가리라
소리 없는 종소리
모두가 나서 숲을 지키라 다그치네.
푸른 새싹 키우라 당부하네.

天줌 김수연 1995년 월간《문학세계》시 등단, (사) 한국산림문학회 이사. 시집 『계단 오르기』외

아귀 외 1

불은 속이 텅 빈 짐승인가 봐
아무리 먹어도 배가 차지 않는가 봐
아귀같이 입을 크게 벌리고
입속에 있는 불길을 마구 뿜어낸다
속이 빈 짐승이어서 바람을 몰고 다니나 봐
바람 따라 불길이 산등성이로 오르고
산 하나를 집어삼키나 봐
먹어도 먹어도 허기가 지는 짐승이어서
바람까지 타고 다니는 짐승이어서
산을 말리나 봐 피를 말리나 봐
한 마을을 접수하고
다음 마을로 개선장군처럼 몰려가는
불은 집으로 들로 사과나무로
속을 채우고 잠들었다가
깨어나서 산도 먹어치우나 봐
커진 배가 터져서
도깨비불로 날아다니나 봐
산과 산을 타고
연기까지 들이마시고도 배고픔에 견딜 수 없어
자신까지 삼키다 스스로 재가 되려나 봐
그래서 불끼리 맞불을 놓으면

김수원

서로 휩싸이다 함께 소멸하나 봐
아귀처럼 속이 빈 짐승이어서
산 몇 개가 그 속에서 아직도 타고 있나 봐

검은 행성

산불이 지나간 산을 오른다
산이 온통 검은색이다
그곳의 시간과 공간이 죽어있다
나비도 벌도 날아오지 않는 이상한 행성
푸르름을 자랑하던 백두대간이
검은 등만 내민다
산불이 지나간 자리에는 햇볕도 산들바람도 머물지만
바람이 오래 머물지는 못한다
나무가 없기 때문이다
서 있는 나무는 없고
간혹 걱정스러운 얼굴의 사람들이 나무처럼 서 있다
나도 우두커니 서 있었다
불이 벌목꾼이었나보다
산 몇 개 태우고 벌목꾼은 다 어디로 숨었을까
다시 오려고 숨죽이고 있는 걸까
이름 모를 산소도 까맣게 그을린 이곳에서
나무는 무엇을 꿈꿀 수 있는 걸까
어떤 비가 내려야
검은색을 벗겨낼 수 있을까

내가 경험한 비로는 부족할 것 같은데
비를 꿈꾸는 나무들을 며칠 생각했다

김수원 《불교문예》시 등단, 불교문예작가회 부회장, (사)한국산림문학 이사. 국제펜한국본부 회원. 한국문인협회 복지위원. 시집 『나는 아직도 넘치지 않았다』『바람의 순례』, 참여문학상, 숲속의 시인상 수상.

잿빛 위에서

처참히 타버린 둥지
한때 숨 쉬던 보금자리에
검게 그을린 마음 하나
잿더미 속으로 스러진다

숲이 속삭이던 초록의 추억
그늘마저 휩쓸고 간 화마 뒤에서
쓸쓸하게 하늘만 올려다본다

생명이 쓰러진 자리에도
숨어 견뎌낸 작은 씨앗
계절을 품고 피어나
누군가의 희망이 된다

김수진

김수진 2016년 《대전문학》 시 등단, 한국문인협회 회원, 대전문인협회 이사, 문경문학관 자문위원. 시집 『기억이 추억한다』 『늦은 마중』. 대전문인협회 올해의 작가상, 인산문학상 수상

산불 외 1

바람 타면
담뱃불도
도깨비불 되지요.

어느새
날개 달고
이 산 저 산 번쩍 번쩍

김영기

무서운
화마가 되어
검은 재만 남겨요,

위급한 곳에 헬리콥터 간다

산에 산에 산불 났다
산이 높아 못 간다.

저걸 어째!
발만 동동
어떡하지?
우왕좌왕

-급한 곳에 헬리콥터 간다.
-그럼, 하늘 나는 불자동차로구나!

위급 환자 외딴 섬에
꼼짝없이 갇혔다.

이걸 어째!
발만 동동
어떡하지?
허둥지둥

-위급한 데는 헬리콥터 간다.
-그럼, 하늘 나는 앰뷸런스로구나!

김영기 1984년 《아동문예》· 2006년 《나래시조》 등단, 한국문인협회·한국시조시인협회·한국아동문학인협회 회원, 시조집 『시의 옷』 외, 한국동시문학상 외

아까시꽃은 피고 있었다

그 어느 하늘의 돌개바람인가
불씨가 포탄처럼 지붕으로 떨어졌다

불길은 동해안 절벽을 돌아
영덕의 바닷가 마을까지 번져왔다
메마른 수풀은 불쏘시개가 되어
가옥과 건물, 벼랑을 태웠다
울타리처럼 피어나던 초목들이
7번 국도의 희뿌연 연기로 사라져 갔다

동네 노인네들을 피신시키며
방에 두고 온 쌈짓돈 얘기로 촌각을 다툴 때
도깨비불이 승용차 앞 유리에 날아들었다

다시 살아올 수만 있다면
불구덩이라도 뛰어들고 싶다고
오열하는 남자의 손바닥에선
어머니가 남긴 은가락지 한 쌍이
잿물을 토해냈다

동해 용왕에게 두 손을 모아야 했던가

김영란

시커먼 나무토막 같은 상처를 껴안고
얼마큼의 세월을 다독여야 하는가

헬기의 물줄기가
산허리를 수십 바퀴 도는 동안
불덩이가 바다에 떨어졌다
태초의 바다가 품었던 물길이
소낙비가 되어 산하를 적시더니
수평선 너머의 하늘이 개었다

아까시나무 꽃이 하얀 리본을 달고 산비탈을 오른다

김영란 2008년 《문학저널》 시 등단. (사)한국문인협회 여수지부장, (사)한국산림문학회 회원, 산림교육전문 유아숲지도사, 시집 『거위벌레의 편지』 『사랑은 물오리나무를 타고 온다』

따개비 마을

아침 해는 언제나 바다를 품었다

기암괴석 위 다닥다닥 붙은 집들
수평 아득히 만선이 피어나던 곳
따개비처럼 서로 기대어 살아가던 마을
불길이 뱃전에 올라 춤추던 그 밤 산불의 두려움
재가 되어버린 석리항 따개비 마을

밀물이 밤새 울었다 썰물이 밤새 울었다
모래벌도 해풍도 파도도 울고 울었다
지난겨울 창문마다 성에꽃이
빨랫줄에 펄럭이던 소매 끝엔 매달려 있었다

올봄에는 방파제 옆 벚꽃이 고왔다

아, 다닥다닥 붙은 따개비의 온기가 아직도 서렸는데
엄마가 끓여주시던 미역국 냄새가
아직도 바람을 타고 그를 부른다

김용덕

*영덕군 석리항 따개비 마을: 의성에서 발화한 산불이 바닷가 마을까지 덮쳐 마을이 대부분 전소됨.

김용덕 2021년 《시와늪》 수필·2022년 《산림문학》 시등단, (사)한국산림문학회 이사, (사)한국자연보호총재. 시집 『소리 없는 풀잎의 말』 수필집 『바다에서 멈춰버린 우리』.

불길 넘은 식목

푸르른 이산저산
할켜 지나간
굉음 폭풍연기.

아우성 둥 식물들
뒤덮은 불길
천지를 태웠네.

나무들 혼비백산
남은 숯 기둥
쑥대밭 산등성.

등고선 나무심기
다시 부르는
숲속 보금자리.

-2025. 4. 23. 양평 '문학인의 숲'에 나무 심으며-

栗泉 김운중 2006년《월간문학》민조시부 등단. 한국문인협회 28대 민조시분과 회장. 국제펜한국본부. 한국현대시인협회 이사. 시집 『지구행』 외 8권

다시 '심조불산'

나무를 심는 일이 신앙인 세대도 있었어
묘목이 키보다 커도 힘든 줄 몰랐고
내려올 땐 어른들이 어느 틈에 심은 팻말
'심조불산'을 등에 지고 만고의 경전으로 여겼지

민둥산에 나무가 크고 나라가 자라며
허리띠는 풀고 신발끈 매어 나선
백두산 관광길 두만강 너머 길림성 산림에는
'불을 내면 종신형'이란 절박 경고문이
무심하게 관광 글귀로 들어왔고
요세미티의 광활한 불난 터도
자연 순환이라는 관광 안내에 셔터만 눌렀건만
모두 지난 세기의 달콤한 추억

그 사이 내 나라 거대 삼림 풍요의 강산에
성스럽게 세운 경전은 방심한 세속에 허물어지고
그 터에 실화와 방화에 천재까지 겹치니
산불은 들불되어 집 터전까지 잿더미로 만들고 말아
고대 로마와 신천지 시카고 대화재가 내 발등의 불이고
내 옛 신앙의 성지 '심조불산'의 터전을
도깨비 불로 불 태운다

귀신 도깨비는
항상 문명 말기적 형상으로 나타나서
외롭지만 의로운 인심 아래에서야 힘이 쇠하니
흐린 기억의 옛 팻말 아래에서
불을 끄다 쓰러진 민관 소방대원들을 조상한다

우리도 이제는 '산불조심'의 새 팻말을
까맣게 탄 가슴 가슴에 심으며
다시 산을 오르리
지구도 몸 앓이 하는 후기 문명사회 기후이변 시대에
새로운 육종의 묘목도 심고 닫힌 임도도 풀고
무엇보다 흐트러진 마음을 새로 다잡으며
희망의 묘목을 안고 저 폐허로 달려가리
다시 '심조불산'의 그 마음으로

김유조 국제PEN한국본부 부이사장, 건국대 명예교수(부총장 역임), 코리안드림문학회 회장, 한국작가 주간

산불 영웅

거센 바람을 업은 불이
화마를 타고 숲을 삼킨다
목구멍 터지게 나무를 태우고
짐승의 목숨도 삼키고도
모자르다 괴성을 지르며 사람을 덮친다

한밤이 하얗게 탄다
숲이 사라진 산은 검은 드레스로 옷을 갈아입고
태초의 나신으로 돌아간다

그 꼴을 그냥 두지 않는 하늘님
곳곳에 인물을 보내신다
세계가 놀랄 산림녹화기록을 남긴 이
전쟁과 가난의 마군에게서 벗어나
푸른 치마 펼쳐 국토 녹화를 이룬 이
다시 산으로 산으로 모여
화마로부터 나무를 살리고 숲을 지키는 영웅되라 하신다

천추만세 숲을 위해
한 목숨 아끼지 않는 천사
가족들 안타까움에 잠을 이루지 못하는데

김윤승

천사는 붉은 바다에서 푸른 용이 된다

하늘은 기억하리라
화마 앞에서 당당하게 물을 쏘고
자신을 던졌던 영웅들을

우리는 기억해야 하리라
이 푸른 산야에 목숨을 걸었던 영웅들을

김윤숭 지리산문학관 관장, 성균관 부관장, (사)한국산림문학회 이사, (사)한국수필가협회 부이사장, 시조집 『문창궁』, 수필집 『고운수필』 외

그날의 환영幻影을 본다

우리의 꿈이 피어나던 숲이었다
한 순간의 잘못이 화마火魔로 변해갈 때

검은 세상에서 날아 온 까마귀 떼가 하늘을 뒤덮는다
불임의 풀들이 어둠을 베어 물고 헛꽃을 피워댄다
구토를 시작한 개미들의 허리가 접히기 시작한다
눈먼 물푸레나무가 땅 속으로 숨어버린 뒤
검은 물들만 웅덩이를 채운다
맨발로 쫓겨난 고라니가 땡볕 속에서 잠이 든다

절벽 끝으로 밀려난 사람들,
한숨의 뿌리가 깊어진다
검은 바람이 만장처럼 펄럭인다

우리의 꿈이 익어가던 숲이었지만
이젠 자주 사막의 환영幻影을 본다
그날의 환영에
우리의 꿈이 울고 있었다

김인숙 2012년 월간《현대시학》시 · 2017년《시와세계》평론 등단. (사)한국산림문학회 회원, 시집 『먼 훗날까지 지켜야 할 약속』 외, 한국현대시인협회 작품상, 제22회 문학비평협회상 외

검은 숲이 울다

바람이 스칠 때마다
숲은 검은 눈물을 흘린다
나무들은 재가 되어 쓰러지고,
흙은 바스러져,
마치 숨을 잃은 땅처럼 메말라 있다

매캐한 냄새가 마을을 감싸고,
뿌리째 타버린 나무는
서 있는 법조차 잊어버려
오대리 약산 홍은사 뒤 등산로는
길을 잃었다

"비가 오면 산사태가 날라."
탄 나무 그늘 아래,
농부의 가슴도 함께 타 그을려
농협 앞, 타버린 기둥엔
저마다의 아픔이 새겨져 있다

뒤엉킨 가지들 사이에 서서,
희망마저 불길에 삼켜진
검은 숲
그 잿더미 속에서
울음소리만 간간이 메아리칠 뿐이다

김재구

김재구 2020년 《산림문학》 시 등단. 전 한국문인협회 인도네시아지부 부회장. 시집 『파파야나무』, 제1회 재외동포재단 주관 해외 한국어 교육자 체험수기 공모전 수필 부문 우수상 외

도화동산*에서 수묵화를 바라보다
- 울진 삼척 산불현장

김재준

까맣게 타버린 그들 어디로 갔나?
22년 3월 잔인한 수묵화에 그을림 냄새난다
강원과 경상도 접경
울진 삼척 무장공비 잔혹한 사건 후 54년
신록의 계절 먹칠한 수묵화

열흘 동안 이승을 떠난
고라니·산양·오소리·다람쥐·사슴·노루·개구리·애벌레…
이름 있는 것들과 이름 없는 풀들과 여린 들꽃의 향기와
수많은 산신령과 나무들
불 먹은 그들 어느 하늘 떠돌고 있을까?

타버린 봄, 초록과 새봄을 빼앗겨
계절 건너 가을이 되었구나
가뭄에 지친 소나무에 강풍이 달려들어 검댕이 만들었구나
첨단과학 시대 인간들보다 영악해진 산불
종횡무진·변화무쌍·신출귀몰…

숲의 주인 모두 어디로 갔나
까마귀 몇은 하늘 빙빙 돌다

잿빛 그림 물고 날아가는데
그들은 언제 산이 되어 돌아오려나

*도화동산 : 강원·경상도 접경지역, 울진 북면 배롱나무 동산

김재준 1980년 《제4회 성류문화제》 입상 후 작품 활동, (사)한국산림문학회 회원, 경북도의원, 시집 『다가서지 못한 순간들』 외. 수필집 『바람의 산 구름의 산』. 제7회 한국농촌문학상, 제9회 산림문학상 수상 외

당신들은 영웅이십니다
- 산불진화대원들에게 드리는 글

헬기 진화대 뜨고 나면 20kg 호스를 울러 메고
불 속으로 뛰어내려 불갈퀴를 잡으려 종횡무진
산비알을 따라 동분서주하는 특수진화대원들
제 몸에 불이 붙은 줄도 모르고 돌진하다
스스로 호스 물을 뿌려대며 몸 떠는 새벽
쏟아지는 잠과 강한 추위
산불과의 사투의 시간들

김진순

바람이 불어 걱정
바람이 안 불어 걱정
안개 속 묻힌 불씨를 찾아 헤매
머리에 쓴 헬멧마저 녹아내리고
눈썹, 머리칼 마구 내려앉는 불씨
오직 산불을 잡아야 한다는 결사항쟁
오직 사명감으로 버티는 정신력
열흘간 사투로 불을 잡았다

용감한 특수진화대원들
용감한 산불진화대원들
당신들은 이 시대의 진정한 영웅입니다
당신들은 이 시대의 용감한 영웅입니다
당신들을 영원히 잊지 않겠습니다.

김진순 《산림문학》 시·《계간수필》 수필 등단. (사)한국산림문학회 회원, 남태령 동인, 과천도서관 율목 독서회원

산, 산이라서

산, 산이라서
눈 떠 맨 먼저거나 차창 스쳐보거나
우리 땅 어느 지역이든 거기 있어 이롭고
평생 인연, 멀리 가까이 우람한 울타리다

주고받을 값을 셈하지 않아도 철마다
심안 경전에 산빛 덤을 얹은 천연화첩
내 정서와 여정에 신선한 플러스 산소다

올봄, 기후재해도 아닌 인재 몇 날 몇 밤
그 산림과 삶터 목숨까지 앗은 산불이라니
잿더미 된 숱한 능선 등성이 통분 탱천이다

긴 세월의 산세 불태운 화마 뒤, 죽을힘으로
감질난 단비에라도 주기만 할 성정의 숨길
다시금 산 숨길 싹튼다면 눈물이다 생명이다
산, 산이라서

김철기 1972년 월간《교육 평론》문학 활동. 국제PEN한국본부 감사. 한국문협 시서화진흥위원. 한국현대시인협회 지도위원, 시집 『꿈빛 나이테』외, 한국문학백년상. PEN문학상 외

소리를 빼앗긴 범종梵鐘 외 1

산불로
절간 다 타버리고
종루도 다 타버리고
혼자 남은 범종梵鐘
잿더미 위에 우두커니 앉아
검은 산 바라보네

김청광

난민亂民

저 산불 등성이 넘어
고향 집에 불붙었네

불길에 집은 주춧돌만 남기고
간장 된장 끓어 넘친 독에는 검은 재만 가득하네

난민亂民이 된 울 아버지 엄마
마을회관에 하릴없이 앉아

땅 파는 대신
죄 없는 가슴팍만 팍팍 파겠네

김청광 2001년 《한맥문학》 시 등단, (사)한국산림문학회 명예회장, 시집 『나무여, 큰 숲이여』. 한맥문학상 수상

비 내리고

굵은 가지에 달린 검은 숨소리

춤추는 불, 산은 빨갛게 울었다

휘어진 산마루 화상 입은 흙

비 내리고, 비 까맣게 내리고
젖은 산 웅성웅성 움을 틔운다
잿더미 속 꿈틀거리는 목숨
숲을 잃은 산, 다시 피는 초록

연둣빛 머리카락 곱게 묶고
고사리 고개 내미는 산허리
뜨거움 이겨낸 고통 한 줄기
하늘 향해 파란 희망을 펼친다

따스한 햇볕
부드러운 바람
우우우 상처 딛고 일어서는 생명들

산은 또 푸른 숲을 꿈꾸고

김황지 2022년 《산림문학》 시 등단. (사)한국산림문학회 회원, 계간문예 동인. 공저 『오후의 그리움』 외

강풍이 돌아갔어요 외 1

동해 망상동 산 아래 한우 농가
지난 밤에 뒷산 몇 개를 넘으며 온 산불은
아침 동틀 무렵
한우 농장 하우스를 태우더니
사료, 짚, 표고자목을 모조리 집어 삼켰다

자식 같은 한우 30여 마리가 있는 축사에
불이 닿는 순간, 농부는 이를 지키려
우사 문을 부수고, 소를 몽둥이로 때려 보았으나
한 마리도 움직이지 않았다

눈물 흘리며 불꽃을 피하여
우사를 뒤로 하고 몇 발짝을 뛰는데
바람이 가슴을 치며 우사로 향한다
순간 불꽃은 사라지고
소들은 물과 먹이를 찾았다

하늘이시여!
천지신명이시여!
우리를 버리지 않으셨구나
조상님이 살리셨구나

산불 이재민 할머니

지난 3월말 재앙이 된 산불로
경북 청송에 있는 이재민의 생활공간
두세 명이 누우면 꽉 차는 체육관 천막 속
웃음기 잃은 할머니의 주름진 얼굴

70평생을 살며
삶이 묻어 있던 나의 집
집안 살림살이
아들, 딸의 사진앨범
수저, 밥 그릇, 내 신발, 이브자리…

먼저 하늘로 가신
할아버지의 사진
하나 밖에 없는 결혼반지
이야기를 다 맺지 못하고
흐르는 눈물로 대신 답하신다

말없이 십여 분 지나자
할머니는
그래도 난 살아 있어
다행이라며

산불로 돌아가신 같은 마을
할머니를 생각하며 눈물을 또 닦는다

할머니의 삶을
송두리째 빼앗아 버린 산불

할머니의
남은 인생 산불 없는 세상에서
행복하고 웃으며 살아갈 수 있도록
내일이 되어줄 것을 기도하여 본다.

남해인 상지대학교 겸임교수, (사)한국산림문학회 이사, 횡성문학회 사무국장, 산림법인 (주)병산 기술이사, 이지플러스 기획이사, 시집 『숲으로 출근하는 남자』

산불, 미래를 태우다 외 2

허기진 불길 나래 능선을 삼켜버리고
잿빛 구름 흐른 자리 추억마저 묻히자
붉어진
하늘을 향해
손길 하나 붙들린다

불씨는 나무보다 미래를 태워내고
등 돌린 뒷바람에 불꽃이 번져가니
허랑이
불의 그림자
산림 속에 스민다

새순 터질 자리에는 불멍울 박혀 있고
바위틈 젖은 숨결 시나브로 꺼져가도
초록은
웅크린 채로
잠든 꿈을 지킨다

노재연

잿더미에서 들리는 숨결

마을 뒤 검은 능선 달빛조차 비껴가고
타다 남은 돌담 아래 남겨진 발자국에

묻어둔
목소리 하나
다시 길을 더듬는다

잿더미에 묻힌 뿌리 눈물로 싹 틔우고
무너진 둥지 곁에 새벽이 피운 온기

타버린
시간 너머로
연두빛이 번진다

도화동산*

화마가 짓밟고 간
잿빛의 민둥산에

익익년 풀빛 봄이
기어이 이주터니

이윽고
흑심黑心 내몰고
무릉도원 꿈꾼다

*경상북도 울진군 북면 고포리에 있는 동산. 2000년 4월 동해안 산불로 폐허가 된 이곳에 도화道花인 백일홍을 심어 도화동산을 조성함.

노재연 (사)한국시조협회 부이사장, 한국문인협회·국제펜한국본부·한국시조시인협회 회원, 시조집 『달빛 세레나데』 『바람의 시』 외 다수. 한국시조협회 시조문학상 대상 외

날아다니는 불꽃을 보며

작은 불씨였다는데
바람 타고 날아가는 불꽃은
악마의 얼굴로 변하고 있었다

불씨 하나가
바람의 힘을 얻어
그리 무섭게 변신할 줄이야

이 산 저 산을 넘나들더니
나무도 부족해 산을 태우고
삶의 터전과 재산을 다 태우고
숲에 의지한 생명의 울부짖음을 들으면서
사람의 목숨까지 태우고 태우고서야
어디론가 숨어 버렸다

너도 나도 방심한 죄
뒤늦은 눈물이 검게 흐른다

화마와 맞서 싸우다
희생당한 영웅들
십자가를 짊어지고 스러질 때

우리는 무엇을 했나
슬퍼할 자격이나 있을까

천방지축 날아다니는 불꽃들을 잡으러
끝까지 포기하지 않은 진화대원들의 헌신과 용기
어찌 보답해야할지

잿더미에서 다시 피어날 진달래꽃
그 희망에 부끄럽지 않도록
감사하리라
산불예방에 내 한 몸도 바쳐 보리라

라춘실 2020년 계간 《화백문학》 시 등단. (사)한국산림문학회·화백문학·한미문단 회원. 시집 『나도 다섯 살 아이였다』 『고향이 없다던 그 아이』

산불됴심

산 좋은 푸른 강물 있어
배산임수 여유로운 취락 있어
우리는 산림문화 정서로 살아온 오천 년

산울타리 풍요로운
숲과 강을 안고 누정문화로 살아온 우리
새벽 산새 고운 목소리 앞 냇가 맑은 물소리
누가, 수양버들 정겨운 우리네 숲정이를 싫다고 할까

어쩌다가 생명의 숲도 문화유산도 산불로 타는 눈물
산짐승도 산약초도 너와집도 화마에 휩쓸지 않게
'산불조심' 기원하는 산사의 범종소리 듣고 있는가

문경새재 오백 년 한글창제 처음으로
'산불됴심' 표석에 새긴 우리글로 읽어가며
보부상도 담배 피우는 호랑이도 부싯돌 들지 않았다는데

마른하늘 읽어가는 아나운서 '산불조심' 애타는 목소리
새겨듣는 한마음
우리 강산 한 번쯤 내 몸 살피듯 서로 같이 살펴보았으면

박성기 《한국문인》《문학춘추》 등단. 한국문인협회·(사)한국산림문학회 회원, 광주문인협회 부회장, 시집 『자작나무를 심어 놓고』 외, 광주시문학상, 제12회 세계문학상 외

강 건너로 불길이

강풍을 타고 사방팔방 불길이 잡히지 않는다
전국 곳곳 산야를 강타한 산불은
꺼지지 않는 불길 전선을 만들고
이른 봄 산 능선을 따라 온통 무법천지로
진화작업에도 풀섶을 태우며 번져나갔다

이틀 사흘 강 건너로 불이 번지지 않을까
노심초사 꼬박 밤샘
부부 둘이 애간장 녹이며 집을 지켜냈다고
붉은 눈빛이 아려오는 누이
연기로 시가지가 뒤덮였다는 안동

산림청 소방헬기가 소방대원들이 목숨 건
피와 땀과 눈물 범벅된 밤낮 비행을 하고
물길 내뿜으며 진화작업을 하고 드문드문
산마을 집들은 이틀간 땅을 적시는 비가 내려
간당간당 하늘마음의 근심 잔불이 잡혔다고

박수화

박수화 2004년 《평화신문》 신춘문예 시 등단. (사)한국산림문학회·한국시인협회·문학의 집·서울·국제펜클럽한국본부 회원. 시집 『새에게 길을 묻다』 『물방울의 여행』.

산불과 휴대폰

하루 종일 안전 문자가 요란하다

바람의 속도만큼 불길이 빠르게 번지고
매캐한 연기가 넘어온다는 소식이
바람처럼 여기저기서 전해오는가 싶더니
국민체육센터로 대피하란다

박여람

무엇을 챙겨야 할까
휴대폰만 생각난다 가족 은행 친구
그 속에 나의 모든 것이 있다

갈아입을 속옷과 바지 티셔츠 서너 개씩을 넣었다
에코백 하나도 헐렁하다

충전기와 가방을 차에 실어 놓고
외출복으로 갈아입은 채
휴대폰을 곁에 두고 누웠다

파란 하늘이 능청스러운 아침이다

박여람 2016년 《산림문학》 등단, (사)한국산림문학회·강원문학회 회원, 양양문학회 회장, 시집 『나의 숲이 시가 될 때』

소나무의 눈물을 보셨나요

당신은 소나무의 눈물을 보신 적이 있습니까
화마火魔에 휩싸여 까맣게 죽어가는 삶의 전장에서
벽옥碧玉처럼 영롱한 한 줄기 생명의 빛을 발하는 소나무의 눈물
자작자작 타들어 가는 소나무의 몸속에서 뿜어내는
저항의 눈물 주검의 눈물 생존의 눈물
그 소나무의 눈물을 보셨습니까
그 옛날 일제가 그어 놓은 상처에서 흘렸던 눈물처럼
아프게 흘리는 눈물
당신은 그 소나무의 눈물을 보셨습니까

아비규환阿鼻叫喚, 소나무들의 절규를 들었습니까
눈물이 마르고 바싹 타들어 가
더 이상의 눈물도 흘리지 못하던 지옥의 현장
그곳의 절규를 들었습니까

저는 보았습니다
차마 못 볼 처참한 광경을 목도했습니다
참 힘겨운 시간이었습니다
그래도 그 자리를 지킬 수밖에 없었던 건

박재현

소나무의 눈물을 또 보아선 안 되겠다,
자손들에게 더 이상 소나무의 눈물을 보게 해선 안 된다는 것을
뼈에 새기기 위함이었습니다

우리 민족은 소나무 민족이며 소나무 나라이며
소나무는 우리의 역사입니다
핏물과 같은 소나무의 눈물에 제 눈물이 펑펑 쏟아집니다
당신은 애끓는 소나무의 눈물을 보았습니까
눈물을 보았습니까

박재현 2004년 《한맥문학》 등단, (사)한국산림문학회 회원, 시집 『나무가 되고 싶은 사람』 『매화는 울지 않는다』 외, 제1회 산림문화공모전 우수상 외

식장산 화염

타오르는 절벽으로 온종일 쏟아부은 물
다시금 불똥 튀고 거짓말처럼 솟는 불길
바람은 쓰러졌다가 불을 먹고 내달린다.

뭇매 맞은 불길은 흔적 없이 숨었다가
맹수처럼 튀어나와 산비탈 휘젓는다
화염의 파도타기는 밤낮없는 귀신이다.

누구의 저주로 수천 년을 삼켰느냐?
화염을 밟다가 또 어둠이 내린다.
처절한 닷새간의 사투 참담하게 기억된다.

불씨 한 낱, 바람 한 줄이 앗아간 산하
검게 탄 줄 무덤에 소리 없이 젖는 눈물
하늘이 비를 내리자 촛불 끄고 기도한다.

박헌오

박헌오 1987년 《시조문학》 천료. 5대 한국시조협회 이사장, 초대 대전문학관장 역임, 시조집 『산이 물에게』 외. 한국문협 한국문학인상, 국제펜 현원영 시조문학상 수상 외

고약한 봄날

쓰고 쓰다
봄바람이 차가운 배신을 하고
강풍으로 변신해
산불을 산야에 뿌리고 다닌다

독하고 독하다
칼날 같은 산불이
독잔을 만들어 돌리고
산야는 억지로 독을 마신다

산불은 숨 쉬는 거대한 생물이다
모든 것을 거침없이 삼키고
검은 배설을 남기고 간다

따뜻한 화신이 화마로 변한 날
지구의 생명은 죽음으로 간다
배신은 사람이 한 것

산불은 용서가 없다
쓰고 독한 잔을 마셔야만 하는
숙명이 언제 끝나려나

배택훈 전 산림항공기장, 산림청 산림재난정책자문위원. (사)한국산불학회 부회장, (사)한국산림문학회 회원, 시집 『별, 새가 되어 날다』

산지기의 기도

산이 녹아내린다

붉은 용암처럼 흘러내리는 불줄기
십여 일 동안 화마가 집어삼킨
축구장 사만여 개 크기의 산림

화산이 폭발한 듯
하늘 덮은 검은 연기

어찌하면 좋으랴
자식처럼 키워온 나무들
이제 청장년으로 자라
우리 강토를 지키는 밀림으로
그 모습 푸르렀건만

불티 되어 하늘을 날으고
숯검정으로 앙상한 뼈골만 서 있네

변광옥

가슴이 타 들어간다

불길 잡느라
하늘에선 헬리콥터 공습하듯
물 폭탄 쏟아붓고
땅에선 밤낮없이 진화대원들
있는 힘 다 쏟아붓는데

불줄기 잡히질 않고
천년 고찰도 집어삼킨 채
산등성을 넘고 또 넘네

하나님이시여
인간이 지은 죄 용서하시고
한줄기 소나기 쏟아 부어
이 강산,
이 숲을 지켜주소서

변광옥 2013년 《수필시대》수필·2017년 《문예운동》 시 등단. (사)한국산림문학회 이사, 수필집 『숲이 나에게 말을 건다네』 외, 시집 『삶의 사계』 외, 제32회 청하문학상 외

돌아온 영돌이와 대추 외 1
- 불탄 자리에서 희망이 피어나리

의성군 점곡면 사촌리 비대마을
흔적조차 없는 집터
임시주택을 짓는 망치소리만
메아리가 되어 돌아올 뿐
꼬마 숙녀 초이는 넋을 잃었다
새집을 장만한 지 불과 서너 달
화마가 보금자리를 송두리째 앗아갔다
풀 한 포기 돋아나지 않은 불모의 땅
'집이 불탈 때는 슬프지 않았어요'
'집안에 남은 고양이의 생사를 알 수 없어요'
초이의 양볼에 눈물이 흘렀다

산불이 진화되고 얼마가 흘렀을까
네 발이 불에 타고
얼굴이랑 눈자위가 상처투성인
고양이가 재를 뒤집어쓴 채
발견되었다는 뉴스가 흘러나왔다
사람들은 영혼이 돌아왔다고 하여
'영돌'이라 불렀다

송종국

안동으로 옮겨간 산불이
혼불처럼 비화하여
주택으로 덤벼들자 할아버지는
대추의 목줄을 풀어 주었다
'대추야! 어서 가라'
'여기 있으면 죽는다. 어서 가'
산불이 진화되고 얼마나 흘렀을까
검댕이 투성이가 된 대추가
꼬리를 흔들며 집으로 돌아왔다

내년 봄이 돌아오면
가슴 넓은 떡갈나무 새순이
싱그러운 봄을 맞이하리라
땅을 뚫고 일어난 고사리며
곰취 가지취 향이 산천을 진동하리라
새들도 돌아와 새끼를 품고
다람쥐 청설모는 사이좋게
나무를 오르락내리락 거리고
쓰르라미 귀뚜라미 여치
뭇벌레들 별밤 달빛 아래

풀숲의 평화를 노래하리라
초이의 얼굴에는 다시금
나팔꽃 미소가 피어나리라
삶의 굽잇길 돌아가는
촌로의 앞길에는
대추가 꼬리를 흔들며 동행하리라

등운산 고운사의 통곡
- 절간에 퍼질 멧새의 날개 소리

의성군 단촌면 구계리
1300년 고찰이 불길에 휩싸였다
신라의 지성 최치원 선생의
발자취가 서려 있는
등운산 고운사가 불에 탔다
국가보물 연수전이 소실되고
가운루 우화루가
계곡풍을 등에 없고
활강해온 화마에 사라졌다
하늘 솟은 아름드리 황장목도
불길에 싸여 울부짖다 숨을 거뒀다

목울대가 잠기도록 등운산이 통곡했다
첫새벽 동자승을 깨우던 범종은
몸뚱이가 찢기고 종루는 무너졌다
검붉게 그을린 백송 두 그루는
파리한 혈관에 링거를 꽂고
숨을 헐떡이고 있었다

불길을 피한 대웅전 부처님은
참회의 염불 소리에
잠들지 못한 채 긴 밤을 새우고
중창을 염원하는 불자들의 합장
소망을 담은 기왓장에 켜켜이 박혀
피안으로 건너가는
가운루 우화루가 다시 놓이는 날
새벽 공기를 가르는 죽비소리
등운산을 나는 멧새의 날개 소리
고운사 푸른 하늘에 퍼져 나아가리

송종국 2022년 《생명과문학》 등단, (사)한국산림문학·(사)한국숲해설가협회·생명문학작가·토문재문락·소래문학 회원

산불이 지난 자리에서 외 1

바람이 날며 낸 길 따라 밤, 낮없이
휘적휘적 춤춘 토째비
600년* 흔적 삽시간 사르고도 미련이 남았던가?
과수원 고랑 따라 들고 뛰며 흘린 화근내
외부인에게 경계의 끈 죄어
피해 농가 희망 놓지 않길 빌며 엄마의 집 가는데
먼저 다녀간 이웃 조상님 유택
봉분 쓸고 싸린 짚 뿌려 예禮 행한 모습에
유교의 근본 살아있는 "효"를 확인한다

새로 난 검은 길 끄트머리 엄마의 집에서
주과포혜酒果脯醯 올려
"불 피해 나간 영이시여
이제 정리가 되었으니 돌아오시라"라고
축문 읽어 고유하고 돌아보니

검게 그을렸어도 의연한 산야山野가
슬픈 날은 또 그렇게 흘러가고
새초롬히 돋는 희망의 싹이

이내 싱그러움으로 아픔 덮으리니
순간의 실수가 반복되어서는 절대 안 된다는
다짐을 꼿꼿이 세워
푸른 날 빨리 도래하길 빌며 돌아서는데
가늑골 골짜기 화근내 배웅이 아프다

600년* 흔적 : 청송군 파천면 중평리 평산 신문 세거지

오월 연휴에

긴 휴가를 두고 말이 많았다.
누군가에겐 재충전의 기회이고
누군가에겐 부러움과 원망의 교차점이고
하루 볕이 아쉬운 농가는 조막손도 필요한데
산불로 인해 삶의 터전을 잃은 이재민들에겐
공염불에 지나지 않는 어버이날 두고
"와도 잘 곳도 없으니 오지 마라"
"오니, 어데 들어앉을 곳이 있나?"
"됐다 마. 궁디이 드리밀 자리라도 만들면 보자"
그렇게 말하는 부모 맘이 오죽했으랴만
철석같이 믿은 아들은 밍그적이다가
연휴 마지막 날에 홀린 듯이 대피소 찾으니
옆옆이 모도 자식들 따라 외출해
잠시나마 시름을 잊는 모습에
복장이 터졌다는 하소연이 바늘방석 깔더란다
알게 모르게 공공의 적이 된 연휴
부모 자식 사이 서로 다른 사랑법으로
애만 태웠다는 이야기 들으며
어르신들 인색한 감정 표현도
자정慈情 앞에선 무장해제된다는 걸

안 어버이 계실 적에는 왜 몰랐던지
때늦은 자책이 후벼 파는 그리움이
이재민이 된 친정 마을* 20가구가
사방에서 전해온 온정에 힘입어
웃음꽃 피고 지는 평온한 일상으로 돌아가길
간절히 간절히 기도한다.

친정 마을* : 청송군 파천면 중평리

신순임 2011년《조선문학》시 등단. 국제펜한국본부 회원, (사)한국산림문학회 회원. 시집 『무첨당의 5월』『탱자가 익어 갈 때』『친정나들이』 외

불귀신 툭툭

군불 못 때고 얼어 죽은 혼령들
모두 되살아난다
선덕여왕네
고릿적 몽달 불귀신 지귀도
툭툭 털며 살아나왔다
짐승들만 다니는 우거진 오솔길
쌓인 잡목들
애국가의 철갑 소나무들도
몇십 년 묵은 좋은 불쏘시개
그 위를
툭툭 소리치며
날아다니는 불귀신
아무리 죽여도
봄철 메마른 바람을 타고
붉은 혓바닥 날름거리는

* 지귀: 선덕여왕을 사모하다가 불로 화하여 서라벌을 다 태운 총각

신원철 2003년 《미네르바》 등단, (사)한국산림문학회 회원, 시집 『세상을 사랑하는 법』 외

야단법석은 가라

가련한 중생이 서울에 모여
빛나는 봄꽃은 야단인데
성난 사람들 법석이며
제물을 찾아 잿밥은 어디
활활 타는 분노의 함성에
놀란 화마가 불춤을 추어
착한 초목이 살던 천년고찰 불탔다.

욕심을 버려야 부처님 오고
자비가 넘쳐야 극락이 오니
금수강산 아래 단을 쌓고
산을 사랑하는 산림 문인들 모여
참회의 눈물을 빗물처럼 흘리며
평화와 행복을 빌어줄 초인을
목놓아 부른다.

심은석 건양대 교수, 한국문인협회·한국산림문학회·한국시인협회 회원. 풀꽃시문학, 충남문협, 공주문협 동인. 시집 『날마다 걷는다』 외

그림자 꽃

작은 불씨 하나,
화마 되어 온 산을 집어삼켰다
봄물 들던 3월의 뒷산은
푸른 숲의 기억을 잃고
더 이상 숨을 쉴 수 없었다
마을을 뒤덮은 검은 연기는
따뜻했던 시간마저 흩어놓았다

웃음소리 환한 골목엔
스산한 바람만이 길을 묻는다
씀바귀 꽃피던 담벼락은 무너지고
아스라한 기억들만 잿더미에서 울고 있다
되돌릴 수 없다는 것을 알면서도
한참을, 한참을 바라본다

모든 것이 사라지고
그림자처럼 남겨진 땅에서
무언가 조용히 숨을 고른다
불에 그슬린 뿌리 아래
새싹 하나, 몸을 움츠리고 있다
잊힌 듯, 그러나 포기하지 않은 채

엄선미

그 안에서
아주 작은 숨결이
천천히, 그러나 분명히
새 생명을 밀어 올린다
그림자 아래서 피어날
또 다른 봄을 기다리며

엄선미 2022년 《산림문학》 시 등단. (사)한국산림문학회 회원. 제14회 대한민국 독도 문예대전 시 부문 특선 수상

안동 산불 외 1

폐부를 파고드는
잿빛의 매캐한 향

피난길 행렬 따라
근심이 넘친 산골

현란한 화마 춤사위
어찌 그리 바쁠까

우
상
하

고슴도치 놀이터

불현듯 스쳐 지난
화마의 공격으로

푸르른 빛이 바래
스산한 봄이 왔네

황야로 변해진 흔적
고슴도치 뛰노네

우상하 《한국시조문학》 등단. (사)한국시조협회 이사, (사)한국산림문학회 회원. 시조집 『코로나 해고 통지서』. 제3회 《한국시조문학》 특별작가상 수상 외

산타독

긴급 속보 뉴스가 연이어 겹쳐진다
산불 화마 휩쓸고 간 TV화면 영상 따라
숯검정 연기를 먹고 화형당한 나무들

씨주머니 목에 걸고 산 타는 개가 있다
산불이 남긴 잿빛 갑갑하게 호흡하는
한 걸음 디딜 때마다 뿌려지는 짙푸른 꿈

우
아
지

버림받은 유기견이 산타가 되어왔다
재만 남은 능선 골골 풀이 되고 꽃이 피길
죄 없는 주검들이여!
숨을 쉬며 부활하라!

우아지 1993년 《현대시조》 등단. 한국산림문학회 회원, 한국시조시인협회 상임자문위원. 시집 『점바치 골목』 외. 산문집 『세 번 결혼(結魂)한 여자』, 성파시조문학상 외

대답 없는 숲, 어이할꼬

우울하고 힘든 날 산 오르면
숲은 반가이 품에 안아 쓰다듬어주고
제각기 서 있는 나무와 풀 속에
나도 숲 되어, 맑은 숨 쉬며
바람 따라 흥겹게 일렁였는데

당신의 실수로 날아간 불똥
지옥 불 되어 올라가 연기 기둥 되니
산봉우리 능선마다 용암 부은 듯 번져
빨간 불꽃 악마 나무 태우고
숲에 세든 짐승, 곤충, 산새
울부짖으며 달아나도 못 이겨
숯덩이 산 되었네!

검게 타버린 나무 부여잡고
돌아와 달라 소리치며 울어도
대답 없는 숲, 어이할꼬

분향소엔 통곡 소리 가득하니
눈물만 그렁그렁하다.

우인순

우인순 2003년 《좋은문학》 수필·2005년 《문학세계》 시 등단, 한국문인협회·전남한울문인협회·(사)한국산림문학회 회원, 저서 『꿈여울 바람소리』 외

대형 산불, 그 지옥의 불길에도

누군가 음흉하게 불씨 슬쩍 놓고 갔나
강풍이 몰아친 날 숲의 숨통 끊는구나
검붉은 화염 솟구쳐
하늘도 핏빛 울음

자비를 베푸소서 구원을 비옵니다
접근 불가 불길 속에 갇혀버린 산골 마을
지옥이 따로 없구나
화마만이 지배자라

타버린 천 년 절엔 범종만 남았구나
오래오래 새겨두고 절대 잊지 못할 죄업
그래도 흙 속 어딘가
씨앗 하나 숨쉬겠지

우형숙

우형숙 2001년 《한국시》 시조 등단. 국제펜한국본부 번역위원장. (사)한국산림문학회 이사, 시조집 『산안개』 『괜찮아』 외, 국제펜한국본부 번역상, 역동문학상 수상 외

괴물 외 1

유임종

한 시름 잊으라
찬 기운이 이제 막 외투를 벗기며
평화로운 우리 마을을 마음 편하게 찾아온다

실수, 실수하지만
우리들의 작은 실수가 얼떨결에 큰 재앙을 불러온다

눈 깜짝할 사이 화마는 괴물이 되어
강풍을 타고 천방지축 날뛰며
기세 등등 칠흑의 밤을 온통 불바다를 만든다

찬밥 더운밥 가리지 아니하고
공포탄이 되어 강 건너고 골을 뛰어넘어
닥치는 대로 모조리 집어삼키며 검은 재를 배설한다

별별 수단을 다 써 보지만
인간의 한계로는 어쩔 수 없는 일
가옥과 마소는 물론이고 생명까지 앗아간다

너, 나 할 것 없이 조심조심 산불조심
대대로 물려받은 금수강산 우리가 지킵시다

나의 걱정

아침 햇살이 창문을 열면
초가를 닮은 산이란 집이 보인다

철따라 단장이 새롭다
어느 때는 푸르고
어느 때는 붉고
겨울에 하얀 속옷 차림 일 때도 있다

아들 며느리 손자와 함께 산다
아주 사이좋게 촘촘히 살면서
가족이 뭉쳐서 아름다운 숲을 이룬다

바람이 다녀갈 때는
손을 흔들거나 머리카락을 날린다
꽃피어 벌 나비 찾지만
산짐승은 숨어 살고
새들은 눈물 없이 울고 좋아한다

내 너를 벗 삼아
여기까지 살아 건만 늘 걱정이다

바람 불어 좋은 날에
불청객 화마火魔가 들이닥쳐
너를 통째로 집어삼키고
재만 남기고 가니 두렵고 무섭다

유임종 2016년 《모던포엠》 시·《수필문학》 등단, 한국문협 강원문협 감사, 수필문학작가회 부회장, 모던포엠 이사. 시집 『마음 한 그루』 외. 포던포엠 문학상 외

새
-경북 산불 피해자에게

산불이 났다
불의 바다 속에서
작은 새 한 마리가 떠나지 않고 있었다
새는 나무 위를 맴돌며
애타게 울부짖었다
그곳에는 새의 둥지가 있었다
화염이 나무를 타고 오르자
새의 안타까운 날갯짓은 속도를 더해갔다
마치 그 불을 끄기라도 하겠다는 것처럼,
둥지가 불길에 휩싸이는 순간
새는 벼락처럼 떨어져 내렸다
그리곤 감싸 안았다
갓 부화한 둥지 속의 새끼들을
그리고는 순식간에 작은 불덩어리가 되었다

폼페이에는 병아리들을 날개 속에 감싸 안은 닭의 화석이 있다

유자효 1972년 《시조문학》 등단, 한국시인협회 회장 역임, 시집 『사랑하는 아들아』 외. 산문집 『다시 볼 수 없어 더욱 그립다』 외. 정지용문학상 수상 외

산은 길을 품는다

1
창문 안으로
불쑥 들어온 붉은 산을 본다
미안하다 미안하다
산다는 게
남의 살 파먹다가
납작 엎드린 무덤 같아서
산을 파먹다가
밥사발 같은 무덤 하나 남긴 거 같아서
산을 돌아
굽이굽이 흘러가는 것은 강물뿐
산이 눈을 감았다 뜬다

2
그날이 오면
사과나무 아래
내 무덤 보이고
생이 저물 듯이
길도 저물어 길 위에 눕는다
길 위에서 떠오르는
길 위에서 지워지는

유회숙

얼마나 많은 길이 길 위에 접혀 있을까
산을 돌아
굽이굽이 흘러가는 것은 강물뿐
산은 길을 품는다

유회숙 1999년 《自由文學》 시 등단. (사)한국편지가족 고문, (사)한국산림문학회 이사, 시집 『국수사리 탑』 외. 제3회 불교문학상, 제10회 산림문학상, 충북시인대회 디카시 최우상 외

잔인한 봄

지구가 인간에게 보내는
잔인한 경고였다

제발 숨돌릴 틈을 달라고
더 이상 참을 수가 없다고

화마가 할퀴고 간
만신창이가 된 산야엔
저주의 까만 잿빛 파편들만이
바쁘게 날아다니고 있었다

광란의 불꽃이 삼켜버린 잔인한 봄

농부의 평범한 일상이 무너져 내리고
단절과 고립으로 버텨온
200여 시간의 사투도
모두 허사가 되어 버렸다

구름산 언덕 위에서
봄을 노래하던 빛나는 꿈의 산하는
날개를 접고 노래마저 멈춰 버렸다

윤수아

그저 바라만 보고 있는 나
새카맣게 타들어가는 가슴을
나의 무기력함으로 쓸어내리며
그저 멍하니 서 있을 뿐.

윤수아 1997년 《지구문학》 시 등단. 한국문협구로지회장 역임, (사)한국산림문학회 이사, 시집 『화산재』 외

내 속을 태우지 마소 외 1

사랑한다 속삭이며 찾아오지 마소
좋아한다 소리치며 들어오지 마소

그라지 마소 그라지 마소
날 너무 좋알랑 마소
바싹 마른 내 가슴
마구 밟아 들어오지 마소

내 마음 이미 너무 말라
좋아한다 파고드는 그대
받아들일 틈새 없소
따스한 봄바람에 후끈 단 내 몸
언제라도 활활 타오르려니

버려두고 찾지 마소
아는 척은 미뤄두소
님이 날 좋아한단 소문에
이제 난 어디에도 갈 곳 없소

그래도 그립다
찾아 주려면 빈 주머니
가벼운 발 큰 물 두 통

이관순

쌓인 낙엽 마른 속 헤집어
촉촉히 적셔 줄량 찾아나 주던지

이제 그만 내 속을
태우지 마소

풀의 분노

저 산자락 모퉁이에 멈칫
봄이 올똥 말똥
겨우내 내린 눈들 하늘로 도로 내빼고

마른 바람

마른 풀 골짜기
마른 낙엽 속
숨은 물기 쪽쪽 빨아
백두 줄기 뼛골
바삭한 황태 껍질
쉼없이 그 뼛골 속 헤집어 거칠게
쥐어짜는데

풀 푸를 때 뭐 했노
조상묘 마른 풀 불로 지지는 게으른 효자
제 손발 시려 내 가슴에 불을 지른 자

황태 껍질 마른 풀
불 먹고 하늘 올라
여기저기 던져지는 불꽃들
따갑고 아파 너무 너무

백두대산 내 가슴
지옥문 불구덩이 붉은 악마 혀 널름널름
이산 저산 거칠게 없네

한 주일간 퍼다부운 헬기들 물줄기
불 탄 수천 집들
다치고 돌아가신 생명들
마른 뼛골을 부수고 짓밟아
사람살이 끝낼양 극성

적지만도 않은 짧은 비 함께
온 국민 지극정성
마침내 잡아낸 불

스스로 타오를 줄 모르는
석고대죄 마른 풀들
속으로 삭이는 분노

이관순 (주)비케이씨푸드 대표이사

여시 불

봄바람 살랑대던 날
발아래 번지는 산불을 끄다 보면
영락없이 둔갑한 여시를 만난 꼴이다

삼월이 오면 봄바람 난 여우가 여시로 둔갑하고
사월이 되면 불길 속을 미쳐 날뛰는데
오월이 와도 신록마저 집어삼킬 듯하다

뒷산 능선을 넘어서니
기어이 누군가 일을 저지른 모양
그 여시와 싸우다 안되겠다 싶어
내빼고 없는 산의 적막이 고고하다

속살까지 시커멓게 타버린
초췌한 모습으로
마을을 내려다보며 망연자실하고 있다

산에 드는 것 조차 부담스런 계절
산불됴심 돌팻말 앞에서 불러보는 노래
"바람아 멈추어 다오~"

이근배

이근배 2003년 《시인정신》 시 등단, 한국산림문학회 이사, 전 한국농촌문학회장 역임. 시집 『그립다 말을 할까하니 그리워』 시화집 『숲, 시가 되다』 『숲이 아름다워 살고 싶은 마을 50선』 등

산이 숨을 멈추면

산에는, 계곡물엔, 하늘이 살고 있다
붉은 해 목화 구름 슬픔 아는 빗방울들
산 능선 새털구름에 불이 붙는 저녁 놀

밤이면 별 내려와 소리가 된 노랫가락
일제히 소쩍, 부엉, 풀 벌레 웃음소리
은하가 흘러내려 와 아리랑을 떼창 한다

산에는 향이 돈다, 물무늬가 번져가듯
꽃들이 벌 나비가 풀 나무와 담비 사슴
별들이 밤꽃 향 속에 강강술래 춤춘다

축구장 수백 배를 잿더미로 태운다면
담뱃불, 야외 취식, 무심해서, 부주의로,
사람이, 목숨 가진 별이, 도롱뇽이 죽는 거다

젖과 꿀 윤기 흐르는 오월의 젖가슴이
서정抒情이 살폿 도는 시월 산의 엉덩이가
타버린 돼지 등가죽, 그 불모를 어이하리

이석규

이석규 《시조생활》 등단, 세계전통시인협회한국본부 상임고문. 한국시조협회 고문. 시집 『당신이 없는 거리는 춥다』. 시조집 『20세기에서 온 편지』 외, PEN송운현원영시조문학상 수상 외

비명

땅이 흙이
울다 지쳐 헛웃음으로 시달릴 때에도
빗줄기는 아직이었다.

낙엽층 밑으로 보이지도 않게 스며들어 숙덕이던 불기운은
다시 또 어느새
잔불이 되고 비산화가 되어 이리저리 날리는데도
빗줄기는 아직도

되려 작은 불씨는
타죽어가던 소의 눈망울처럼
크고 붉고 뜨거운 불머리 곡선이 되어서는 열기 품은 불기운을 내뿜고
게다가 바람조차 점점 더 거칠어져서는 걷잡을 수조차 없이 내달리니
세상은 온통 연기로 번지고 그을음으로 켜켜이 덮인 채 헐떡이며
간신히 숨을 잇는다

주불은 잡았다지만 땅속에서 스멀스멀 올라오는 비린 연기는
며칠 내내 밤을 샌 탓에 시뻘겋게 충혈된 눈에서조차 눈물나게 하더니
흐릿한 눈 앞에서는 이제는 꿈일 뿐인 그 푸르던 나무가 아른거리다간
사라진다.
눈 비비는 그 짧은 순간에 지워진 나뭇가지들은 어느새 기억으로조차

이승복

흐릿하다

간간이 울던 꿩이며 고라니는 그나마 살아서 피하기는 했을까?

여기는 안방이며 대청이고 저기는 쇠우리였던 내 집은 이제 어디라는 구분도 없이
하늘 아래 온통 시커먼 속살만 다 드러내고 자빠진 채
가다 지친 구름만 멍하니 치어다 본다.

이승복 1986년 월간 《시문학》 천료, 홍익대 명예교수, 한국시문학아카데미 학장, 한국현대시인협회 부이사장, 시집 『철지난 코트』 외

지옥의 불꽃 앞에서

상상 초월의 곡예를 부리는 산불
붉은 불꽃이 능선을 타고 빠르게 넘어와
밤하늘을 무대 삼아
어리석은 인간의 실수를 희롱한다

교대로 불을 끄던 진화대원
자기 집 전소되었다는 소식에도
남의 집 불을 막으러 물줄기를 놓지 못하고
지옥의 불 속에서 검은 눈물을 흘린다

어디가 집이었는지 마을이었는지
화마가 지나간 곳에 타다 만 액자만 덩그러니

자욱한 연기, 까만 연기 바람으로
헬기는 추락하고

어디서 무엇을 붙들고 통곡한들 돌아올까
눈물도 다 쏟지 못한 채
타버린 잿더미 앞에 연기가 되는 영혼들

이영경

잠시 내린 단비로도 기적은 일어나건만
조상의 이야기를 품어 왔던 소나무 숲
다시 돌아올 날 기약하려니 영혼이 부끄럽다

하늘이시여,
검붉은 핏물 꽂힌 기도 들으시고
엄청난 이 국난에서 희망의 싹을 주소서

눈꽃 이영경 인사동시인협회 이사, (사)한국산림문학회 홍보위원, 시집 『눈꽃』 외

화마 火魔

불이야
고함 소리
산불 재난 빼앗긴 집

나무숲
송진 냄새
불씨들이 움직인다

높바람
불어댈수록
울화가 치솟는다

모지리
험준한 산
동리 꼬마 시샘하여

옛 암자
새 둥지와
진달래꽃 불에 탄다

서럽다
얄미운 시련
잿빛 가루 마귀다

이영철

加林 **이영철** 2018년 《고양문학》 시 발표. 13회 역동시조 시조등단, 한국문인협회·한국시조협회·한국산림문학 회원, 전 고양문인협회 이사, 시집 『미련의 멀미』. 고양예총회장상

산불, 그 후

화마의 불화살이 산천 곳곳을 배회할 때
애간장 태우며 쓰러져간 푸른 넋이여
화마가 휩쓸고간 자리에 단비 내려
불망의 풀잎촉 솟아라

인간과 자연의 사랑이 교감되는 그곳
잔인한 악마를 부른 이
탐욕의 실화인가
방심의 실수인가
푸른 향연이 시작되는 날이건만
한순간 모든 것을 앗아간
화마의 숨결과 마주친다

죽음의 문턱에선 숲속 사람들은 공포의 도가니였으리
화마가 휩쓸고간 자리
숯덩이 된 나무와 불 먹은 땅의 절규
솔숲의 송이 향기 언제 맡으려나

이예리

세세월 흘러야 원래의 모습 볼진대
불탄자리 흙마저 불 먹어
덴 상처에 언제쯤 새 풀꽃씨 날아와
치유의 새터전 잡을까

이예리 《순수문학》수필·《문학공간》시 등단. (사)한국산림문학회 기획위원, 영축문학회 회원

화령 火鈴 외 1

이우림

갇혔다
빠져나갈 수 없다
길은 하나
점령당해 재가 되는 것
그 길이 살길

나무가 나무를 삼키고
풀이 풀을 먹고
개미가 무덤을 지고
벌겋게 탄 흙이 검댕으로도 머물지 못하고
사그라드는데

토끼가 성할까
멧돼지가 성할까
지렁인들 성할까
그렇다고 사람이 멀쩡할까

기암괴석이여
노거수여
낙락장송이여
그대들 영험함은 어디 있느뇨

어찌하여 눈감고 귀 막고
사지 묶여 고개 숙이느뇨

눈 번쩍 뜨고
뜨거운 불구덩이 벗어나시오
일어나시오
화마에 지지 마시오

노여움 푸소서

이제
그만 푸소서
시뻘건 그 노여움
풀어버리소서
미물까지 다 타버립니다
제발
푸소서 노여움

편하겠다고
마음대로 짓밟고 퍼내고
파헤친 죄
좋은 물 먹겠다고
모세혈관 다 찢어가며
있는 대공 없는 대공 박아댄 죄
무한한 생명의 아마존 허파 숲
마구잡이로 베내고
새까맣게 태운 죄
남실남실 초록 춤 추던 청보리밭
금빛 물결 소락소락 알맹이 키우던 고흐의 밀밭
다 갈아엎고 거대한 콘크리트 괴물만 세운 죄

너무도 큰 줄 압니다

이우림 1995년 《시와시인》 시 · 2012년 《문학과의식》 수필 · 2021년 《문학과의식》 동시 등단. 시집 『여자가 바다를 찾을 때는』 『허름한 개, 상형문자로 걷다』 외

불씨 하나가 천 년의 숲을 지운다 외 1

우리는 보았다
천 년을 쌓아 올린 성전처럼 장엄한 산맥도
화마火魔는 삽시간에 집어삼키는 것을

우리는 보았다
나무의 살점이 타들어 가는 비명과
하늘 높이 솟던 산이 토하는 붉은 울음을

우리는 보았다
가볍게 버린 성냥 한 개비가 도깨비 되어
거대한 산을 몇 개나 삼키고 집을 삼키는 것을

우리는 보았다
도망치는 생명들의 비명이 산허리를 감아도
혀의 날름거림을 멈추지 않는 불씨의 잔악성을.

이윤정

하늘이여, 물의 신이여

저 긴 화마火魔의 혀를 쳐라
우리의 아버지들이 심은
전국 산림을 삼키느라
날름거리는 검붉은 혀를 쳐라

저 위험한 마귀 춤을 막아라
나무가 울고 사람이 운다
하늘이 붉게 부르짖고
땅은 통곡하여 검게 멍들었다

저 화마火魔의 입을 쳐라
문화재를 27개나 단숨에 삼켰다
많은 생명들이 울부짖으며
삽시간에 재가 되게 한 저 입

저 악마의 마술을 멈춰라
바람의 등에 업혀
멀리 뛰기를 하는 마술
높이 뛰기를 하는 불꽃.

淸良 이윤정 월간 《심상》 시 등단, 인사동문예학교 강사, 한국문인협회·현대시인협회·한국산림문학회 회원, 코리아나문학 동인회 회장, 시집 『창문 너머에서 행복이 불어온다』 외

산불 끄는 마음으로

건조한 봄날씨에 바람이 솔솔 불어
수십 년 자란 숲을 화마가 삼켜가네
재빠른 공중진화 작전 산불 끄려 힘을 쏟네

물탱크 가득 싣고 헬기 돌며 물 뿌려도
역부족 애가 타서 발을 동동 구를 때
소나기 퍼붓는 환희 아, 하느님 만만세

산기슭 여기저기 물탱크 설치하자
이럴까 저럴까 만감이 교차하여
멀리서 애태우는 맘 문학인이 함께 하네

이일희

이일희 한국걸스카우트연맹 부총재 역임, 세계전통시인협회·국제펜한국본부 회원, 한국시조협회 자문위원, 시집 『길 위에서』 『어디로 가고 있나』 외, 현석주 아동시조문학상 외

화마가 삼킨 숲, 그 후

생동이던 숲 불청객은
바람결 따라 날아다니는 화마
수런거리던 노래는 사라지고
검댕으로 변해버린 숲
숭덩숭덩 생명력을 잃은 나무
망나니가 칼춤 추듯
온 산야를 날아다닌 붉은 상흔

나무들은 아우성치고
새들은 둥지를 잃고
모든 것이 찰나에 사라진 봄
그리운 집을 찾아 헤매는
작은 생명들의 울부짖는 소리

잿빛 화기火氣의 아픔이 하늘에 닿았나,
애끓는 눈물은 검은 숲을 적신다.
연기를 뚫고 피어나는 꽃처럼
나무와 숲이 합을 이루는 날이 다시 올까?
간절한 희망으로 꿈꾸는 오늘이 푸르다.

이임선 계간 《참여문학》 시 등단. 국제PEN한국본부, 한국문인협회부 회원, 충북시인협회 이사,
(사)한국산림문학회 이사

화마에 무너진 삶 외 1

숲을 지키겠다는 사명감으로
몇날 며칠 화마와 사투에
지칠 대로 지쳐 졸음에 겨운 몸
길가, 산비탈, 가리지 않고 틈틈이
쪽잠으로 버티는 안타까움
검게 그을린 채 우유와 빵 하나로
허기를 달랜다

목숨도 아끼지 않은 대원들
싸늘한 주검의 애달픈 넋은
어찌 달래야 하나요
갑작스런 청천벽력에 눈물만 쏟는
유족의 무너진 삶은
어찌 위로해야 하나요

어찌 살라고
어찌 살아가야 하냐고
막막한 앞 날, 참담한 심정의 이재민
망연자실에 그치지 않는 한 많은 눈물은
어찌 닦아주고, 어떻게 위로해야 하나요
악랄한 화마에 무너진 삶의 보금자리,
복구의 의지를 잃을까 두렵습니다

이재곤

산불은 악마다

거대한 붉은 불기둥 둘러친 채
아름다운 숲 모조리 잿더미 만들고
악마가 되어 무자비하게
마을도 휩쓸어 삶의 보금자리 다 태우고
선량한 주민을 대피소로 내몰았다

공중에서 연신 물을 쏟아 붓고
숲속에서 잔불 제거에 안간힘 다했건만
불씨는 강풍 타고 이 곳 저곳으로 날고
끝내 소중한 목숨까지 앗아갔다
악마가 아니고는 이 땅에서
어찌 이런 끔찍한 만행이 있을 수 있을까

누군가 부주의로 불씨 간수 잘못해
아름다운 숲을 지켜온 세월과 가치
주민들의 삶의 보금자리와 송이, 산채, 약초,
먹거리 생활터전까지 다 잃었다
숲 복원에 백 년 세월, 후손의 몫이 되었다

악마의 산불,
이 땅에 다시는 없기를 빌고 또 빈다

이재곤 2021년 《동양일보》 시 등단. (사)한국산림문학회 이사. 수필집 『닿지 않는 그리움에 꼬리 연을 달아』. 시집 『내 나이 묶어 두고』

무정한 봄바람에게

이제 미소 퍼지는 봄이라고
허리 흔들며 살랑살랑 다가와
내 볼 어루만지며 귓불 간지르고
꽃향으로 코끝을 밀어 올려주기에
네가 참 다정다감한 착한 벗인 줄 알았다

그런데 숲으로 들어가 불과 어울려 다니면서
온 산야를 핏빛, 잿빛으로 물들이며
세상을 어지럽히니 너를 무엇이라 여겨야 할까

때로는 온화하다가도 불같이 화를 내는
생게망게하고 언죽번죽한 놈이란 걸
그만 잠시 잊었었나 보다

너는 그냥 바람일 뿐이라 하겠지만
이 나라 산야의 온갖 생명체들이 보금자리를 잃고
생사의 고통에 몸부림치고 있는 것이
보이지 않는단 말인가

손 모아 빌고 또 빌게
이제 제발 화마에 속아 벌이는

이창호

그 광란의 축제를 멈추어다오
고운 결로 싹을 피워내는
생명의 바람으로 돌아와다오

이창호 《산림문학》 시, 《월간문학》 동시 등단. 숲해설사, 인성교육강사, 목공예지도사, 경북환경연수원 환경교사. (사)한국문인협회·(사)한국산림문학회 회원

산불이 지나간 자리에서

넋을 띄워 연이라도 날려야할 판이다

까만 주검으로 늘어선 소나무 숲 새들의 단말마
산은 그저 무덤일 뿐이다

옹골찼던 메아리 연기에 날려 귀 멀어지고
칠흑의 사막에 한 점 추억마저 구슬퍼
아프고 아픈 토악질

맑은 아침공기
척추와 뇌리를 소스라치게 했던 기억
이젠 그을음으로 눈물샘엔 먹물이 고인다

칠 팔십 년 굵어가며 아침 해를 띄웠건만
타다만 앙상한 뼈마디로 햇살도 꺾어진다
산엔 그저 딸그락거리는 뼈와 뼈로 스치는 바람만 스산해
산골 노파의 허리마냥 굽고 굽은 능선
남은 살점에 통증이 아리다

그렇게 우주는 바람으로 울다 갔다
고막에 채워지던 행복
소라 동굴 끝으로 역주행해 사라졌다

임경주 한국임업신문 편집국장

산불, 그 후 명상

임정현

푸르르던
그 청청하던 모습들
새삼 그리워
가슴 메이는 오늘
하늘은 어찌 저리 맑은가

그 맛있는 청송사과
참으로 귀한 송이버섯
수십 년 후에야 볼 수 있다니
자연과 살아가는 우리
자연과 마주하기 부끄럽다

찰나의 실수로
산은 지금도 쓰라리고 있어
아름다운 오월도 아프다

임정현 1991년 《문학과 의식》 시 등단. (사)한국숲해설가협회 고문, (사)한국산림문학회 이사, 한국시인협회 회원, 시집 『하루살이가 해에게』.

아, 강산江山이여 외 1
- 영남 일대 산불현장을 보며

아, 하늘이 무너지고 땅이 꺼지는
이 통곡소리 들리는가
우리의 강산이 화마火魔에 휩싸여 순식간에
검은 연기로 울부짖고 있다.

영남 일대의 산과 들
유구한 강산 그 자리에 민족의 자존심으로 서서
우아하고 화려한 산 중턱 끝자락에
푸른 정기처럼 흘러 세상이 눈부셨어라
언제나 천둥 번개 불에도
무언의 눈빛으로 호령하듯 서 있던 나무들이
이렇게 어이없이 불타버리다니
참으로 원통하고 통곡할 일이다

아, 세상의 재앙이 이런 것인가
이 시대의 아둔한 사람이 어처구니 없는 짓을
이제 와 탓한들 무슨 소용있겠는가
온 국민이 지켜보는 가운데
삼라만상이 불길에 활활 타 한줌의 재가 되다니
아우성의 마디마디 분노와 울분 섞인
가슴 찢어지는 소리만 들릴 뿐

장동석

아, 귀중한 문화재가 불타는
역대의 불길 속에
이 비참한 광경을 바라보고만 있어야 하는
우리는 다 같은 역사의 죄인이어라
저 나무가 숨 쉬는 것은
숲속의 생명을 키우기 위함이거늘
이 나라 한 민족이 자랑하던 한반도 금수강산을
이제 그 흔적조차 어디서 찾을 것인가

자, 우리 모두 일어나자
영남 일대의 숲을 다시 한번 푸르게 가꿔보자
온 국민의 얼을 살려
유구한 역사 일궈낸 선인의 뜻 되새기며
한 그루 나무를 심고 또 심어
검게 탄 강산의 자존심을 새롭게 꽃피우자

불길 속에서

그날 천불 같은 불길 속
긴 어둠의 터널을 지나
홍의 입은 줄기가 흔들린다

화마火魔 낀 나무에
탈모에 시달릴만한 머리카락 한 개도 없이
번민으로 방황할 때
이 세상 버려야 할 것이
순교한 나무들의 영혼뿐이었겠는가

매정한 찬 바람에
서로의 가슴을 얼싸안고
불꽃 속 검붉게 타들어 간 나뭇가지는
그만 혼절하고 말아 버렸다

산새들 울음 끊긴 숲속에서
견딜 수 없는 상념뿐
구만리장천 온몸을 다 불태우고도
구원의 성역조차 없이
수인囚人으로 서있는 형상이 애처롭구나

강산의 애잔한 몸부림을 안고
얼마를 더 몇 번을 더
환상마저 산채 남아 있는
기억 속의 악몽을 밀쳐내고 있을건가

그날 염불 같은 불길 속
저토록 영혼을 허공에 버려둔 채
긴 한숨만 내쉰다.

장동석 월간 《한국시》 등단, (사)한국산림문학회 이사, 문학人신문 선임기자, 한국예총 구로구지회장. 시집 『허수아비의 찬가』 외, 한국창작문학대상 외

불꽃의 장송곡 외 1

찰나의 틈새로 붉은 불꽃 솟아오르네
산등성이 타고 오르는 불의 군무
푸르던 숨결, 잿빛 재로 스러지고
새들의 노래, 절규 속에 흩어지네

바람결에 실려 간 불씨 하나
붉은 혀 뻗어와, 숲을 집어삼키네
세월이 빚은 숲, 녹음 잃고 쓰러지니
불탄 산자락, 메마른 대지가 흐느끼네

작은 불씨가 빚은 거대한 비극
우리 가슴에 새겨진 붉은 경고
소중한 숲, 불꽃에서 지켜
푸른 그늘로 다시 태어나리

장은재

산의 작은 소원

겨울엔 나를 찾아오지 마오
발가벗겨진 알몸에
억센 바람이 불씨를 키워요

봄에도 나를 보러오지 마오
새 생명을 품은 몸,
연약한 새싹이 불꽃을 피할 수 없어요

여름에 나를 찾아와요
푸른 숲 그늘 아래
시원한 바람을 선물할게요

가을에도 나를 보러와요
붉게 물든 단풍 사이로
산들바람 노래를 들려줄게요

나를 찾을 때엔 제발,
불씨만은 갖고 오지 마요
악마로 변신, 순식간에 숲을 삼켜버려요

내가 품고 기른 모든 생명을 한순간에 잃고 말아요
2025년 3월 22일
작은 불씨가 엄청난 재앙이 되었죠

푸른 바람 되어 당신을 감싸고
맑은 강물 되어 노래하고 싶어요
당신 곁에서 숲의 노래로 속삭일게요

나는 당신의 그늘이 되고 싶어요
그러나 불씨만은 사양이에요
몸을 찢고 재로 남게 하는 불씨만은 사양이에요

수헌 장은재 2021년 《한국수필》 수필 등단. (사)한국산림문학회 이사. 국제펜한국본부 회원. 저서 『사계산책』『노거수 물음에 답하다』『푸르름의 자유』 외

희망은 버리지 말지어다

기어이 30인의 생목숨마저 앗아간 역대 제일의 불길
바람의 기세로 더욱 거칠어진 풍화에 소실된 산·산·산
봄 가뭄에 말라버린 강이여 나무여 숲이여
그래도 이만하길 다행이라 여기고
희망의 끈일랑 버리거나 내려놓지 말지어다.
우리 민족의 저력과 끈기는
봉우리 마다 골짜기마다
풀포기 돌덩이 흙덩이에도 스며 있나니
야만적 포화를 함께 극복해온 산이여 강이여
다시 일어서서 푸르른 나무의 혼이여 숨결이여
비록 때맞추어 막아내고 물리치진 못하였지만
30인의 고귀한 정신이 하늘에 닿고
산림청과 문학인들 하나로 뜻을 모아
그을린 검은 상처에 약 바르고 치료하는 심정으로
조금씩
해마다 조금씩 푸르게 심고 정성을 들이노니
속도가 조금 느려서 성에 덜 차도
우공이산 정신은 멈추지 않을 거란 믿음있거든
어떤 상황이 닥치더라도

희망을 버리거나 내려놓지 말지어다.
우리 조상님의 굳은 정신과
끈질긴 생명력은 오늘까지 대물림되어 왔나니

갈령 장재관 월간 《문학공간》 시 등단. 경기장애인신문 사회부 기자, 국가유공신문 논설위원, 전국동포산업재해인협회 회장, (사)한국산림문학회 이사

실수할 게 따로 있지

살다 보면 실수할 수 있다
사람이니까
신이 아닌 이상 실수할 수 있다
그러나
실수로 산불이라니

장찬영

잠시 들에 병충을 막기 위해 그랬다고?
잠시 묘소에 향을 피우다 그랬다고?
잠시 쓰레기를 태우다 그랬다고?
담배꽁초를 휙 버리고
산불이 날 줄 몰랐다고?

실수가 벌금 얼마로 끝나면 오죽 좋으랴
실수가 감옥 몇 년으로 지워지면 오죽 좋으랴

산불로 타버린 강산
잿더미가 된 집과 생계 터전이
벌금으로 회복될 수 있다면 오죽 좋으랴
죄인이 감옥서 죄를 벗고 돌아오듯
죽은 생명이 다시 살아올 수 있다면 오죽 좋으랴

실수 할 게 따로 있지
산불이 실수로 일어나야 하는가?

장찬영 1991년 《한맥문학》 시 등단, (사)한국산림문학회 이사, (사)한국문인협회 숲문화개발위원회 위원장. 시집 『세월은 바람처럼 스쳐가고』 외

잃어버린 가운루

천년고찰 고운사를 산불이 삼켰다
가엾은 가운루駕雲樓가 울음 토하고 간 자리에
허옇게 깨어진 발목과 조각난 시간들
하늘에 올라 구름이 되지 못한 채
한숨과 눈물만 남기고 떠났다
구름수레 누각 얼마나 아름다운 이름이었던가
작년 가을만 해도 우리는 너의 품에 안겨
등운산 둥근 능선을 바라보며
모나지 않게 살자 베풀며 살자
시를 외우고 노래를 불렀건만
너를 만나러 가는 길은 노승 같은 소나무들이
자애롭게 내려다보며
가운루 우화루에 들러 바람과 구름이
무엇을 말하는지 무슨 뜻을 전하는지 보고 오너라
부끄러운 가슴으로 듣곤 했는데
모두 사라져 버리고 숨소리조차 들리지 않는 산사에
내가 와서 무슨 말을 해야 하나
고운 선생과 여지 여사 스님은 어디 가셨나
뜰 안에 놀던 나비들은 어디 있느냐
살아남은 미물이라도 있으면 대답을 하려무나

새소리 조차 들리지 않는 폐사지에
뒤늦게 온 봄비가 원망스럽기만 하다

장효식 1993년 《문학세계》 시 등단. 한국문인협회 한국문화선양위원, 한국산림문학회 이사, 의성 시낭송가협회 회장. 시집 『그대 간 자리에 꽃이 피면』 외

기우제

불티야 빙퉁그러지지 말고 사붓사붓 다니거라
어르신 땀배인 푸르름 속에
네 노여움 내려놓거라

봄비야 불기둥 사이로 비보라처럼 나리거라
움트던 생명의 자명종 속에
네 주저함 내려놓거라

草滿 전애실 2024년《산림문학》시 등단, 도봉문화재단 문화사업 본부장, 아트앤컬처리더쉽학회 총무이사, (사)한국산림문학회 회원

거기 누구 없나요? 외 1

타닥 타닥
누가 잠도 안 자고 장난질이야
바알간 불꽃이 뽀짝뽀짝 올라오도록
그게 그렇게 무서운 불귀신인 줄 몰랐다

단잠에 든 숲속나라 식구들
그게 그렇게 걸음이 빠른 줄 몰랐다

새들은 날아오르니 다행이지만
노루 고라니 산토끼 다람쥐…
네 발 달린 친구들은 달릴 수 있어 다행이지만
달팽이 개미 숲 속의 작은 벌레 아무리 종종걸음 쳐도 제 자리이면 어쩌지?
새끼 품은 어미는 어쩌지?
나무는 풀꽃들은 한 걸음 뗄 수도 없는데
어쩌지? 어쩌지?

불의 회오리
저 미친 질주 속에서
숨이 막힌다고

전재복

생살이 타들어간다고

거기 누구 없나요?

살려달라고 도와달라고
산의 울부짖음 오래토록 아팠다

지옥문이 열렸다

저건 그냥 산불이 아니다
지옥문이 열린 거다

입 닫은 철학
헐거워진 도덕성
정의는 개나 물어갔는지
신문도 TV도 헛소리만 시끄럽다

거리엔 넘치는 울분
저주와 폭언이 쓰레기로 쌓이고
한몸의 뼈와 살이
피를 튀긴다

쓰레기를 치울
소각로가 필요해
어느 미친놈 하나 기어이
지옥문을 열었나 보다

순식간에 날아오른 불새 떼
용암처럼 쏟아져 나온

붉은 뱀의 시뻘건 혀가
광란의 춤을 춘다
부추기는 광풍에 핏발선 눈
사정없이 숲을 먹어 치운다

불쏘시개로 던져지는
저 순한 산의 식구들
저 아까운 산의 살림살이
비탄의 신음소리 높고 깊다

끝없는 인간의 탐욕이
수치를 모르는 분별이
끝내 지옥문을 열었나 보다

전재복 1979년 교육부주최 동화 은상, 1993년 《한국시》 시·2005년 《스토리문학》 수필 등단, 시집 『푸른 비를 맞고』 외 6권

우리 아빠는 의용소방대

초등학교, 지금은 초등학교다
등교하면 눈에 박힌 기둥 글

"꺼진불도 다시보자 자나깨나 불조심"

선생님의 선창에 구호를 따라 했다

하교 길, 들불에 타다 남은 잿불
다시 발로 밟고
신발로 개울물 퍼서 뿌리기도 했다
작문시간에 어김없는 나오는 주제
"불조심"
버릇처럼 글을 썼다

어느 날, 하교 길에서
콩대를 태우는데 소리가 요란했다

순식간, 솔가지에 옮겨붙어
뒷산 언덕으로 옮겨 붙고
허둥지둥 소란이 시작될 때
119 의용소방대에 알렸다

전찬균

싸이렌 소리와 함께 구경 나온
사람들은 우왕좌왕
뒷산 조상묘까지 다 타버렸다

할아버지 할머니
산불 신고한 내 머리 쓰다듬고
먹을 것도 많이 주었다

학교에서 표창장까지 받아
부모님에게 갖다드렸다

아버지와 친구분들은
의용소방대 대원들

아버님 친구분들이 모이자
"자네 아들 좀 보세. 소방대에 신고한 아이 말이야."

표창장 받은 날보다 더 가슴을 편 날
그날 용돈을 많이 받았다

전찬균 (사)한국산림문학회 회원

산은 다시 산이 된다

큰 나무들이
하룻밤 사이 순식간에 사라지면서
아프게 남긴 말을 듣는다

사람들아,
불이 태우지 못한 씨앗이
숨어 있다는 걸 잊지 말아라

숯 더미 진 터를
눈물 닦은 손으로 쓰다듬어 본다

두고 봐,
다시 싹을 틔우고
숲을 이룰 것이니

믿는다,
우리는 불을 누르고
이긴 모습으로
산을 다시 산으로 세울 것이다

정두리

정두리 1984년 〈동아일보〉 신춘문예 동시 당선. (사)새싹회 이사장. 동시집 『별에서 온 나무』 외.
제8회 녹색문학상 수상 외

그대 나무여 외 1

봄이 왔다고 좋아라
겨우내 만든 새순과 꽃봉오리를
나뭇가지에 달고 있었을 때입니다

그러던 어느 날
갑자기 뜨거움이 와락 달려들었습니다
불길은 불춤을 추며
원을 그리며 산으로 올라가고 있었습니다

물을 쏟아 부어도 불의 입은
나무의 집성촌과
이웃까지도 삼켜버렸습니다.

그렇게 며칠을 구워 먹은 자리에
숯덩이가 널브러져 있고
재가된 몰골이 처참했습니다

검은 눈물을 흘리는 나무는
살아 있는 나무를 향해
추스르고 일어나라고
어루만지고 보듬었습니다

상처가 깊어
너무 아프고 슬프지만 힘을 냅시다
다시 일어나서
잿빛을 초록빛으로 만들어 갑시다
그대 나무여

나무도 심고 집도 짓고

생각지도 못한 산불로
집도 절도 다 잃고
오갈 데 없는 현실에 어이가 없어서
일도 손에 잡히지도 않고
눈물만 났습니다

기르던 가축도
나무와 숲도 다 태워버린 화마가
새까만 재만 남겨놓아
얼마나 속상하고 기가 막히던지
넋을 잃었습니다

그래도 생명은 남겨 주었으니
살길이 생길 겁니다
산 사람은 살아야 하잖아요
새로 시작하면 됩니다 .
나무도 심고 밭도 일구고
집도 새로 짓고 살아야지요
힘내세요

翰乙 정숙진 1999년《문예사조》등단, 스포츠조선 문화칼럼 정숙진 누드에세이 연재, 저서 『빈 가슴을 채우는 여자』외

화마가 앗아간 만지송 외 1

무심코 저지른 불장난
천리를 덮쳤다

영양 답곡리
다산多産 들어준 장군솔

천연기념물* 영광 놓고
목신木神된 만지송萬枝松

450년 등신불*
재앙을 막았다

*천연기념물 : 1998년 1월 23일 399호로 지정되었다. 2025년 3월 산불로 주간과 가지의 일부가 훼손되어 회생이 어려워 보인다.

*등신불은 소신공양燒身供養, 즉 자신의 몸을 태워 부처에게 바치는 행위를 말한다. 소신공양은 자기희생을 통해 깨달음을 얻고자 하는 불교적 수행의 한 형태이다.

정시식

화마 쫓은 은행나무

비화飛火도
피해서 갔다

용계리 천연기념물 175호

탁순창*이 용왕 되었나
이사비 하사한 전대통령*이
비를 내렸나

칠백 육십 살에
천 년 더 살라고

*탁순창 : 조선 선조 때 훈련대장. 임진왜란 이후 이곳으로 낙향하여 뜻을 함께하는 사람들과 은행계銀杏契를 조직하여 이 나무를 보호하고 친목을 도모함.
*전대통령(11, 12대 대통령): 임하댐에 담수하자 용계초등학교 운동장에 있던 이 나무가 수몰위기에 처하자 용계리 주민들이 관에 상소하여 살려줄 것을 청하였다. 이 소식을 들은 전두환 대통령이 국비를 지원하여 15m 위로 상식上植하여 살림.

정시식 2023년 월간 《시》 등단, (사)한국산림문학회·은점시문학회 회원, 시집 『카메라와 함께 한 나무 산책』 외

산불 외 2

생명을 생명답게 피우기 위해
어머니의 가슴으로 잠 못 이루시며
태교를 하는 산에 불이 붙는다

산불은 망나니처럼
흰자위 뒤집혀져 게거품을 물고
칼춤을 추며 닥치는 대로 목을 벤다
사악한 뱀처럼 혀를 날름거리며
바람의 등을 타고 닥치는 대로 집어삼킨다

이런 광란이 없다
바라만 보고 섰는
이런 무능도 없다

나무가 쓰러진다
산새가 산토끼가 노루가 쓰러진다
지옥 지옥 지옥…

아 아,
하나님 당신의 노여움이라면
저를 불러 주시옵소서

조연환

저, 소나무

봄바람
뱀의 혀를 날름거리며
이 산 저 능선 불을 지른다

나무들
피난도 못 가고
뱀의 혀에 말려든다

소나무
잣나무
굴참나무
층층나무
물푸레나무…

종류를 가리지 않고
나이를 따지지 않고
마구 삼킨다

나무는
온 몸이 불기둥 되어
하늘 높이 치솟으며

울지도 못한다

초속 25m
섭씨 1,500도
두툼한 낙엽층
바싹 마른 대지…

누가 견디랴
어찌 버티랴
저 망나니 불춤을

수십 명의 사상자를 내고
수천 명의 이재민을 내고
수만 평의 산림을 태우고
망나니 불춤은 멈췄다

소나무 때문이다!
소나무를 없애라!
소나무를 죽여라!
소나무가 불쏘씨개다!

산불 꺼지고
소나무 죽을 죄인이다

호산나 다윗의 왕이시여
호산나 외치던
군중들

십자가에 못 박으라
십자가에 못 박으라
그를 십자가에 못 박으라
고함치듯

이 땅을 지켜온 나무
이 민족 살려준 나무
남산 위의 저 소나무

수난의 사순절을 맞고 있다
십자가에 못 박히는
죄 없는 저 소나무

수목송

잘리고 뽑히고 파헤쳐져도
나무는 울지 않는다
잘린 자리 그 위에 새싹 피울 뿐

밟히고 채이고 으스러져도
나무는 울지 않는다
밟힌 자리 더 깊게 뿌리 내릴 뿐

꺾고 찢기고 벗기어져도
나무는 울지 않는다
꺾인 자리 그 아래 새 잎 피울 뿐

산불에 타서 재가 되어도
나무는 울지 않는다
불탄 자리 그 땅에 생명 키울 뿐

그러나 그러나 그러나
나무라고 왜 울음이 없겠는가
그 울음에 왜 나라고 또 피 눈물이 없겠는가

조연환 《시인정신》시 등단, 제25대 산림청장 역임, 제산평생학습재단 이사장, (사)한국산림문학회 고문, 시집 『너, 이팝나무같은 사람아』 외, 제7회 녹색문학상 외

3월. 일요일. 오후 2시는

3월. 일요일. 오후 2시는
산불이 가장 많이 나는 시간이라고
통계청은 말한다

3월의 일요일의 오후 두 시
산불이 났다 통계에 맞추려는 듯이

바람이 불을 던졌다
이 산에서 저 산으로 저 산에서 이 동네로
시뻘건 불덩이들이 날아다녔다
온몸이 불이 된 나무들이 시뻘겋게 비명을 질렀다
불붙은 비명들이 훨훨 산을 넘어갔다
시꺼멓게 오그라든 나뭇가지며 이파리들이
속절없이 불 속으로 들어갔다

초속 13m의 화염은 어디서 불어닥치는가
미친 불꽃들은 사방으로 날아 무엇이 되려는가
붉은 춤 속으로 들어간 세상은
어떻게 되는가
공중 가득 무슨 혼들이 날아다닌다

이녁을 다 태우겠다는 듯 혼신으로
나무에 집에 사람에
붙으려고

시뻘건 것이
아무도 몰래 알몸을 흔든다

조재학 1998년《시대문학》시 등단. (사)한국산림문학회 이사,《산림문학》편집위원, 한국시인협회 회원. 시집『날개가 긴 새들은 언제 오는가』외. 경북문학상, 난재채수문학상

낯선 환상통

알곡 만 한 불씨가 도깨비불이 되었다
하늘을 휘덮고 달려든다
태풍급 골바람에 업혀 오는 광란의 불춤
불은 불을 끌어안고 연기는 연기를 당기며
고속도로를 가로질러 백두대간을 노린다
소나기를 몰고 올 줄 알았던 산바람은
악마와 손을 잡았다
시커먼 갈비뼈로 엎드린 아버지의 환상통에 면목 없다
발이 묶인 나무
목이 묶인 개
우리에 갇힌 소, 돼지들이
연기와 버무려져 떠내려간다
그을린 사과나무 복숭아나무 대추나무에게 미안하다
멧돼지 산토끼 고라니 오소리에게 부끄럽다
가슴은 아직도 불길 속이다

푸른 숲이 절로 이루어지더냐?
넘어진 그 땅에서 푸르름을 짚고 일어나도록
산에 한 그루 내 가슴에 한 그루
다시 숲을 짓자

조정기 2017년 《문학춘추》·2020년 《시문학》 시 등단, (사)한국산림문학회·(사)한국현대시인협회 회원. 시집 『봄이네 꽃가게』『사과나무밭에서 생긴 일』

불씨 외 1

불나무는 없어도
불씨는 있다
불씨는 보이지 않으나
불집은 어엿이 있다

불씨는 잠자는 불이다
언제든 어디서든 깨어나면
가늠이 안 되는 잠을 자는 불이다

그 씨잠, 깨우지만 않으면
불집을 건드리지만 않았다면
화마라는 이름으로
불 끄는 일에 평생을 바친
노 조종사를 추락시키지는 않았을 것이다

불나무는 없어도 불씨는 있다
속내를 알 수 없는 불집이 있다
이번 산불처럼 언제 어떻게
불쏘시개가 될지 모르는,
나도 내가 무섭다

주로진

고운사 범종

한낱
한 덩어리의 무쇠가
지극한 불심으로 새겨진
범종으로 지음 받았을 때
만물들은 얼마나 즐거웠을까
때를 알릴 때마다 덩 덩
얼마나 멀리멀리 기뻤으랴

고운사 범종
살 터지고 쩍 벌어진 몸
다 타버린 종루,
잿더미 위에
망연자실 서 있다
다시 무쇠덩어리로 되돌아갈 수 없는
범종의 모습, 차마 처연하다

주로진 1999년 《한맥문학》시 등단. (사)한국산림문학회·한국문인협회·한국여성문학인회 회원,
시집 나무들의 권리장전』『동굴』 외. 제2회 안견문학상, 제5회 산림문학상 수상

바람 탄 산불

2025년 3월 22일 발생한 산불
대한민국은 몸도 마음도
화상을 입고 많이 아프다

문학기행 갔던 의성에서 시작된 불
천년 숲길 고운사가 전소되고
바람 탄 산불은 안동에서 청송으로
청송에서 영덕으로 삽시간에 번졌다

꽉 찬 산림에 질투가 난 것일까
강풍을 타고 불은 순식간에 내달리고
연기와 붉은 화염만 보일 뿐
하늘은 보이지 않았다

어떡해 어떡해 어떡하나
불안으로 발만 동동 구르고
바람이 합세해 춤추던 불꽃은
능선을 타고 마을로 넘어갔다
불덩이가 마을 농장과 집을 덮쳐
잠자다 놀란 사람들은 맨몸으로 나왔다
불에 갇힌 사람과 가축들도 있었다

지은경

전쟁 아닌 전쟁이구나
불 폭격을 퍼붓는 불전쟁이구나
산과 마을을 집어삼킨 불에
전선이 끊겨 완전히 두절된 통신
소방대원들은 순직하고
물 나르던 헬기가 추락했다

대형 산불은 사회적 사건이다
자연발화인지 인재인지 원인을 밝혀
이재민들을 위로하고
십시일반 모금운동에 참여하여
함께 살아가는 사회, 응원하자

지은경 한국문인협회 문학정보화위원장, 국제펜·한국여성문학인회 이사. 시집 『오랜 침묵』 외, 평론집·칼럼집·수필집 등 저서 30여 권. 한국문협서울시문학상 외

불타는 산을 보며 외1

광풍狂風의 손장난에 불꽃들이 치솟더니
한 치도 못 벗어날 발 묶인 몸이 되어
안 된다 절규하면서 화마의 밥이 된다

나부낌도 지저귐도 모두가 멈춘 자리
죽음보다 더한 고통 메마른 흙냄새에
잔불은 다시 살아나 미친 듯이 삼켜댄다

불귀신 춤을 추는 아수라 현장에서
시커먼 잿더미 속 깨어날 줄 모르는데
강풍強風은 무슨 연유로 쉬지않고 몰아치나

천년 사찰 범종마저 집어삼킨 상흔 속에
움 티워 살아보려 발버둥을 치는 나무
한가닥 햇살을 잡고 간절하게 매달린다

진길자

금강송은 지켜냈다

화마가 휩쓸고 간 백년 삶이 허탈하다
불귀신 춤을 추는 아수라 현장에서
강풍은 무슨 연유로 가슴마다 몰아치나

북풍한설 비바람도 꿋꿋이 지켜내며
피톤치드 일구어낸 강산의 푸른 숲이
시커먼 잿더미 속에서 깨어날 줄 모른다

혼절한 능선마다 봄소식은 끊겼어도
끈질긴 생명력은 솔바람을 다시 불러
새소리 고운 강산에 언제 봄을 갈려나

진길자 국제펜한국본부·한국문협 이사, 여성시조문학회 명예회장, 한국시조협회 부이사장. 시조집 『시인의 여행가방』 영역본 『풀잎의 소망』 외. 한국문협서울시문학상, 시천시조문학상 외

불탄 산과 마을이 운다 외 1

태고 때부터 아름다움 지켜온
우리나라 영남 지역 첩첩 산줄기가
평화로운 산마을들이
성묘객이 태운 마른풀 불꽃이
산마을 농부가 태운 쓰레기 불꽃이
강풍에 사방팔방으로 열흘이나 흩날려
새카맣게 타서 울고 있다
거동 못 해 피난 못 한 노인
집과 함께 타 죽고
피난 가던 자동차 불길에 갇혀 폭발
집, 농기구, 가축, 씨앗, 농산물 다 타버린
이재민들 체육관 천막서 추위와 공포에 떨고
산불 지켜보던 국민은 노심초사
발 동동 마음 두근두근

산림청 직원들 소방대원들 주민들 합세하여
악전고투로 산불 잡았으나 사상자 다수 발생

국가는 산마을 이재민들 적극 보호하고
산림청은 산림정책 새로 세워

차옥혜

불쏘시개 역할 하는 소나무와 낙엽수 줄여
하루속히 불에 강한 나무 많이 심어
산줄기와 산 마을 사람들 눈물 거두고
다시금 초록빛 웃음 짓게 해야 하리

소방관에게 안전한 장비와 휴식을

영남 지역 험준한 첩첩산중 산불에
최전선에서 일하던 소방관 순직
40년 된 낡은 진화 헬기 2대 추락
70대 기장 두 명 순직

정부와 산림청은 최우선으로 긴급히
전 소방관 옷, 신발, 장갑, 헬멧, 안경
진화 장비, 소방차, 소방헬기 등
최신형 최고 품질로 교체해야 하리
박봉의 소방관이 공급된 화염 방지 옷
품질 나빠서 사비로 화마에 잘 견디는 옷
사 입고 불바다에 들어갔다니
연일 험준한 산의 화마와 연기에 지친
소방관들 무리하게 재투입 말고
소방관 수 대폭 늘려
소방관들의 휴식과 안전 보장해야 하리
소방관들 맘 놓고 일할 수 있도록
국민 세금 소방관 처우개선에 먼저 써야지
인명보다 소중한 것 어디 있나요?

농촌 쓰레기만은 지역 관청에서 처리해야

농산물 타작하며 거두고 남는 쓰레기
깻대, 옥수수 대, 고구마 줄기, 호박 줄기
콩깍지, 콩 줄기, 감잎, 대추잎, 은행잎 등
농부들이 태우다 집불 산불 들불 나는데
농촌 쓰레기만은 무상으로 서둘러
정부나 지역 행정관청에서 거둬
안전한 지역 소각장 만들어 처리해야
빈번한 산불 막으리

미국은
국민 모두 어디서나
쓰레기 태우는 것 절대 금지
지방관청에서 주민 쓰레기 수시로 거두어
나무나 숲에서 300미터 떨어진 소각장서
소각 전문가가 일괄처리
건조주의보 내리면 전국 모든 소각장
소각 즉시 중지

앞으로 기후 위기 더 심각해져
산불 더 빈번해질 거라는데

정부나 지역 행정 기관은
모든 대책 서둘러 대비해야 하리

차옥혜 1984년 《한국문학》으로 등단. 시집 『식물 글자로 시를 쓴다』 『씨앗의 노래』 외 12권 상재. 경희문학상, 제7회 산림문학상 수상 외

멈추게 하소서 외 1

순간의 잘못이라 하지 마세요
의성 청송을, 안동 영양 영덕을 휩쓸고
산청을 유린하는 괴물
일주일 밤낮을 휘몰고도 멈추지 않는 화마

초목을 삼키고 넘는 산허리
시뻘건 능선마다
시커멓게 남은 상흔,
폐허 된 마을은 피폐한 몰골입니다
세간살이 건질 게 없습니다

잃어버린 산
잃어버린 생명
잃어버린 보물 천년고찰
소박한 삶의 터전

허무한 세월입니다
앗아간 목숨 잿빛으로 날립니다
산림헬기 수없이 물을 쏟고
지칠 대로 지친 산림소방대원 피눈물입니다

최대승

하늘이시여 멈추게 하소서
저 불바다 멈추게 하소서
주룩주룩 빗줄기 내려
멈추게 하소서

하늘이시여,
인간의 속됨을 어여삐 여겨 멈추게 하소서

고운사 범종

깨어진 몸으로 울지 못합니다

홍염의 띠가 산을 삼키고
나무를 삼키고
시커멓게 토해내는 주검의 그림자

등운산騰雲山 도량이 불길에 싸입니다
가운루 연수전이 무너지고
우화루 극락전 명부전 적묵당이 무너집니다
푸석한 잔해 널브러진 기왓장
사라진 담장
범종은 덩그러니
천년의 소리를 멈추었습니다

나무아미타불 관세음보살
몸탁이 웁니다

노을 비끼는 고즈넉한 하늘이 다시금
우리 것이게 하소서
천년의 울림이 멈추지 않게 하소서

스님은 심장이 타버립니다

마음을 여는 서방정토
멈춘 산울림
스님은 하늘만 바라봅니다

최대승 한국문인협회 회원. 충남문인협회 부회장. (사)한국산림문학회 이사. 불교문예작가회 회장.
시집 『강가에 서서 하염없이』 『순수의 기억』. 현대문학사조 작가상 대상 외

망각의 퍼즐

산바람 타고 내려온
붉은 아우성

몇 겁劫의 세월
한 순간
집어삼킨 아귀餓鬼

최영희

조각난 웃음 향기
속삭임의 체온

얄궂게 청명한
하늘 위

구름이
독수리 돌고래 백조로 변하니
달님이 지나며 속삭인다

그래
그래도
지나 갈 거야

최영희 《산림문학》 시·《예술인》 등단. (사)한국산림문학회 회원. 시집 『오뜨꾸뛰르의 삶』 『너의 결 다가올 때』 『블루 칵테일』 『애드워드 김』, 수필집 『소소한 행복길 1, 2』

남아있는 것들

산불이 지나간 검은 숲은 텅 빈 가슴이다
우듬지를 쓸고 있는 검은 나뭇가지들은
의미 없는 몸짓으로 흔들린다
산불이 휩쓴 자리는 황폐한 갯벌의 가슴이다

산속 호수는 여전히 해맑고 윤슬은 재잘거리는데
숲은 흐르지 못한 그림자로 물속을 서성인다

숲의 노래가 찬란했던 시절을 기억한다
남아있는 숲의 잔재는 처참한 실체를 읽는다
어제의 시간은 그림자로 남아있다
상처를 마주 보는 서 있는 나무들

물에 비친 나무는 하나, 둘 큰 소리로 쓰러진다
어떤 나비도 어떤 다람쥐도 오지 않는 이상한 나라
언제쯤 청솔모도 산돼지도 찾아올까

철쭉 동산으로 온 산을 물들이던 찬란한 시절은
검은 나무로 변해 숲은 텅 빈 가슴이다

태동철 (사)한국산림문학회 회원. 시집 『내 사랑 영흥도』 『족보의 바다』 『팔미도 벼랑』 외. 한국해양문학상, 여수해양문학대상, 계간문예작가상 수상 외

을사년 산불

한겨울 몸을 비워 추위를 이겨내고
이제 겨우 눈 뜬 산모롱이 나무의 봄
웬 불씨 바람 타고 번져 푸르던 산이 불바다

삼월 계곡 막 바람 힘차고 거침없어
한 번 붙은 잔인한 불꽃 연륜도 무람없다
산불은 마치 이성을 잃어 선동하는 악마 같다

산속에 짐승도 산자락 거주민도
삶의 터전 송두리째 불에게 빼앗기니
가슴 속 불덩어리는 꺼질 줄을 모른다

소방관 탈진해 맨바닥에 쓰러졌다
빗줄기 간절하나 먼지잼만 보일 뿐
걱정이 가득한 나리 앞에 노인의 등 들썩인다

어떤 이의 부주의로 잿더미 된 살림살이
산은 힐링을 주는데 돌보지 못한 우리
이재민 고통 추스를 작은 손길 보낸 날

한영례 2017년 《시조미학》 등단. (사)한국시조시인협회 회원

따뜻한 생명

비어있던 산이 가득 찼다.
날마다 조금씩
서두르지 않고 차근차근
채워지는 빈 산.

한때 바람 소리뿐이었으나
이제는 온 산 가득
산까치 멧비둘기 울음소리
싱그런 초록 냄새.

한때 맨살로 떨렸으나
이제는
넉넉한 따사로움.

비어있던 날부터
시나브로 차오르는
산의 따뜻한 생명이여
우리네 삶도 이와 다르지 않나니.

허형만

허형만 1973년 《월간문학》 등단. 국립목포대학교 명예교수. 시집 『바람칼』 『만났다』 외. 한국시인협회상, 영랑시문학상, 편운문학상, 공초문학상 등 수상

산불은 재난

내 생애 최악의 산불은 처음 보았다
의성에서 발화해 경북 동해안까지 삼킨 산불
강풍은 너무 밉다. 도깨비불이라 했지

인명 피해는 물론 주택피해의 눈길에
산불은 문화유산도 집어삼켜
의성에 천년고찰인 고운사가 전소해
국민은 물론 불교 신도의 맘을 애타게 함은
큰 스님도 스님도 큰 눈물이다

주불은 언제 잡아야 할까 한탄이다
도깨비 불똥이 멀리 1km로 이상 날으니
임도林道를 만들어 피난 주민의 언제 회복하랴
큰 국민 성금과 국가재원으로 피해 국민들
재난회복 기운을 살려야 해

침엽수를 이루는 산이 절반인 우리나라 산세
열정으로 조림했던 뜨거운 온정溫情이 그립다
산불방화는 물론 적은 비에 강풍 원인이 크다
야속한 하늘만 바라보니 건조한 북풍이다

홍윤표

이제 강풍도 고개 숙여라 기원 한다

산불재난 입은 국민들이여! 큰 용기 내세요

홍윤표 1990년《문학세계》·1991년《시조문학》등단, 한국문인협회 자문위원, 국제펜한국본부·한국시인협회 회원, 당진시인협회장, 시집『그래도 산은 아미산』외. 한국농민문학상 외

산불에 길을 잃어도.

글향의 씨앗으로 돌아오리

산불, 이제는 패러다임 전환을 요구한다

고기연

나는 지난 1월, 산림청에서 30년간의 공직 생활을 마쳤다. 공직생활 내내 몇 년간의 해외 근무 기간을 제외하곤, 봄꽃 감상할 틈 없이 산불 감시에 매달렸다. 산림항공본부에서, 중앙산불상황실에서, 때로는 직접 불길 앞에서 대응하며 보낸 수많은 봄이었다. 그리고 올해 처음으로 나는 산불임무를 맡지 않은 첫 번째 봄을 지냈다. 관직을 그만 두었기 때문이다. 이제는 한국산불학회 회장으로서 현장을 한 걸음 떨어져 바라본다. 동료들은 현장에 머물러 있지만, 나만 전쟁터에서 빠져나온 기분이다.

2022년 울진 산불 현장에서 나는 사방이 불로 둘러싸인 광경을 목격했다. 바람은 수시로 방향을 바꾸며 불길을 몰아쳤고, 연기는 산등성이를 넘어 바다까지 퍼졌다. 드론도, 헬기도, 사람이 투입되어도 그 압도적인 힘 앞에서는 역부족이었다. 그때 깨달았다. 산불은 단순한 대응만으로는 이길 수 없는 상대라는 것을. 예방 없이는 늘 뒤쫓는 게임일 뿐이라는 것을.

그런데도 우리 사회는 여전히 "불이 나면 끈다"는 사고방식에 머물러 있다. 헬기와 장비, 인력을 늘리는 방식만으로는 대형 산불의 흐름을 막을 수 없다. 매년 같은 계절, 같은 지역에서 같은 실수가 반복된다. 더구나 숲의 현실은 그때와 다르다. 50년 전 치산녹화로 심어진 나무들은 이제 성목이 되었고, 울창함은 자랑이 아니라 위험이 되었다. 마른 낙엽,

가지, 고사목, 간벌되지 않은 나무들은 그대로 불쏘시개다. 그런데도 '벌채'에 대한 거부감이 여전히 많다. 자원이자 동시에 위험물인 나무를 관리하지 않으면서 산불을 막겠다는 건 모순이다.

또 다른 문제는 산불 관리 체계이다. 현재의 대응 시스템은 사람에 의존한다. 1996년 봄 강원도 고성에서 큰 산불이 발생하고 나서 당국이 여기에 투자를 계속하고 있다. 감시초소 근무자, 지상 진화대원, 조종사의 판단에 의한 헬기 투입—모두 유인 방식이다. 하지만 이런 체계는 지형, 기상, 시간의 제약을 그대로 받는다. 험준한 산지, 강풍, 야간 상황에서 사람만으로는 대응이 불가능하다. 지난 3월 영남 지역 산불은 그 한계를 여실히 드러냈다. 의성, 산청 등에서 동시다발로 산불이 발생했지만, 기존의 대응 체계는 무력했다. 헬기는 강풍으로 뜨지 못했고, 지상 인력은 접근조차 어려웠으며, 지휘 체계는 보고 단계별로 지연되었다.

기술이 대안이다. 드론, 위성영상, 인공지능, 사물인터넷 등 이미 존재하는 기술만 제대로 엮어도 감시 사각지대는 줄어들 수 있다. 열영상으로 조기 감지를 하고, 바람과 지형을 분석해 확산 방향을 예측하며, 진화 전략을 실시간으로 조정할 수 있다. 그런데 군사용으로 현장 적용되어 있는 그러한 기술들을 산불당국은 대체로 바라만 볼 뿐이다. 국민의 생명과 재산을 위협하는 대형재난 위협 앞에서 게임 체인저가 될 전략자산을 확보할 로드맵은 여전히 보이지 않는다.

그렇다고 모든 것을 기술에 맡길 수는 없다. 결국 산불 예방의 가장 기본은 사람이다. 그러나 그 '사람'은 불을 끄는 사람이 아니라, 불이 나지 않게 하는 사람이어야 한다. 마을 가장자리에 쌓인 쓰레기, 논두렁에 붙이는 불, 입산자의 담뱃불 하나가 대형 산불의 시작이 될 수 있다. 예방은 가장 저렴하고 가장 효과적인 진화다. 마을마다 자율 감시대를 두고, 위험지역을 사전 관리하며, 실질적인 시민참여 체계를 마련해야 한다. 정부는 정보와 지원을, 주민은 감시와 초기 대응을 맡는 구조가 지속 가능한 산불 관리다.

올봄 나는 현장에 있지 않았다. 대신 산불학회장으로서 한 걸음 물러서서 산불을 바라보았다. 그 거리만큼 이전에는 보이지 않던 것들이 보였다. 큰 불 앞에서 때론 상황파악도 못하면서 우왕좌왕하는 당국의 현실, 책임과 권한 사이의 틈, 잊히는 교훈들. 그러나 동시에, 불 속에서도 묵묵히 일하는 진화대원의 땀, 산림청 직원들의 헌신, 지역 주민들의 손길도 보였다. 그러한 현장의 수고와 지역주민들의 노력이 결합되어 산불위험으로부터 벗어나는 희망을 이야기하여야 한다.

이제는 바꿔야 한다. 진화에서 예방으로, 사람 의존에서 시스템 기반으로, 사후 조치에서 사전 관리로. 산불은 더 이상 특정 지역의 문제가 아니고, 일시적 재난도 아니다. 기후 위기 시대 산불은 국가 전체의 시스템을 묻는 경고다. 우리가 준비하지 않으면 불은 언제든 다시 묻게 된다. 우리는 준비되어 있는가?

고기연 한국산불학회 회장, (사)한국산림문학회 회원, 전 산림항공본부 본부장, 저서 『용두사미는 없다』

산불이라는 전장에 서서

숲길을 걷다 보면 참으로 아름다운 우리의 금수강산을 지천에서 만나곤 한다. 곧추선 봉우리와 그곳의 터줏대감 노릇을 하는 암반들과 치맛자락 같은 암반들의 발목을 휘휘 감고 도는 하천의 풍경이 더해질 때면 그 장엄한 아름다움에 잠시 눈시울이 붉어지기도 한다. 골짜기에 들면 또 어떤가! 그나마 풀과 나무들의 이름깨나 안다고 떠들고 다니던 나를 머쓱하게 만드는 수많은 생명들이 그곳에서 손짓한다. 그곳에 사는 뭇 생명들과 함께 어우러지는 작은 용소라도 만나는 날이면 그저 행복에 겨워 족히 한 식경은 빈들빈들 한량이 되어 꽃과 나무와 용소에게 수작을 하는 일이 빈번하다.

고개를 넘어 들로 들어서면 또 다른 풍경이 여행자를 반긴다. 곧추선 산하에 기대어 사는 민초들의 힘겨운 삶들을 곁눈질로 훑고 지나다 보면 또 다른 의미의 눈시울이 붉어지기도 한다. 다만, 그렇게 사람과 자연의 만남은 서로를 보듬어 안고는 뼈마디 시린 겨울의 삭풍을 견디어 내고, 따스한 봄볕이 땅에 내려앉는 날이 오면 서로를 격려하며 또 다른 일 년을 억세게 살아내는 것이다.

이토록 아름다운 우리의 금수강산이 불타고 있다. 아무런 이유도 모른 채 사람들은 아비규환 속에서 속울음을 삼키고, 기어이는 그 소중한 생명을 잃기도 한다. 짙푸르게 풍성하던 산하는 검은 잿더미에 묻혀 말이 없다. 폭풍처럼 사라져 간 그들의 이름을 불러본다.

소나무, 떡갈나무, 물푸레나무, 산벚나무, 층층나무, 때죽나무, 팥배

권경익

나무, 비목나무, 피나무, 다릅나무, 자귀나무, 함박꽃나무, 자작나무 등의 교목들과 고광나무, 화살나무, 분꽃나무, 병꽃나무, 덜꿩나무, 고추나무, 산수국, 진달래, 산철쭉 등의 관목들과 피나물, 괭이눈, 박새, 투구꽃, 노루삼, 현호색, 얼레지, 바람꽃, 미치광이풀, 참꽃마리, 노루귀, 은방울꽃, 백선, 하늘나리, 동자꽃, 노루오줌, 미나리아재비, 앵초, 처녀치마, 각시붓꽃, 큰꽃으아리, 노랑제비꽃 등의 초화류들 그리고 고라니, 오소리, 멧돼지, 너구리, 산토끼, 담비, 다람쥐, 청설모 등의 야생동물들까지….

열 살 남짓한 어릴 적의 기억이다. 고향마을에는 써근배미라는 지명을 가진 골짜기가 있다. 그 골짜기 아래로 첫골, 작은골, 큰골, 진골이라는 작은 골짜기들이 얼기설기 엮여있는 곳이었다. 첫골 능선에서 불이 났다는 소식이 삽시간에 동네에 퍼졌다. 누구나 할 것 없이 괭이며 삽을 들고 써근배미로 내달았다. 가장 늦게 도착한 부류는 역시나 조무래기들인 우리 또래 아이들이었다.

산불은 이미 골짜기로 내려앉은 첫골 능선을 따라 저만큼 위쪽으로 번지고 있었다. 동네 어른들은 나뭇가지를 꺾어서 연신 땅을 두드리며 주불 쪽으로 내달았고, 일부 어른들은 삽이며 괭이로 흙을 뒤집어서 잔불을 정리하고 있었다. 검붉은 불길과 매캐한 연기가 삽시간에 골짜기를 포위하고 있었다. 우리도 나뭇가지를 꺾어서 어른들의 발길을 따라 능선 위로 달려갔다. 여기저기 흩어져 있는 잔불들을 두드리는 동안 누구나 할 것 없이 온몸이 땀범벅이가 되었다. 그때 어느 어르신 한 분이 소리를 지른다.

"죽으려고 환장했어! 빨리 안 내려가, 이눔들!"

그 어르신의 목소리가 골짜기에 애달프게 메아리쳤다. 우리는 맥이

풀려 골짜기를 따라 동네로 되돌아왔다. 해 질 무렵 모든 어른들이 동네로 돌아왔다.

"그만하기 다행이여, 산꼭대기로 해서 청림골로 넘어갔으면 어찌 됐을껴!"

"이 사람아, 그게 문제여. 대둔산으로 올려다 붙였으면 우린 다 끝장난 겨!"

그래도 그만하기 다행이라는 표정들이 역력한 어른들의 얼굴은 이미 곤죽이 되어 있었다.

그때만 해도 고향 땅에서는 나무를 연료로 해서 밥을 짓고, 방에 군불을 때던 시절이었다. 큰 나무도 많이 없었지만, 나뭇가지며 바닥의 가랑잎까지 박박 긁어다 아궁이에 넣던 시절이라 동네 사람들의 힘으로 불을 끌 수 있었다.

나이가 들어 경험한 산불은 그 모습이나 규모가 너무 달랐다. 산림자원학을 전공한 탓에 산속을 헤매며 일을 하는 것이 직업이 되었고, 그 바람에 산불 현장 속으로 달려갔던 경험이 여러 번 있었다.

산불 현장은 그야말로 아비규환의 전장이다. 검붉은 불기둥이 산으로 내닫다가 기운을 잃은 듯 잠시 모습을 숨긴다. 잠시 후 검게 피어오르는 연기가 위와 옆으로 퍼지면서 마치 장마철 하늘처럼 변하는 순간, 천둥처럼 폭발음이 터진다. 불길은 사방으로 튀고 멀리 가는 놈은 수백 미터를 날아가 옆 산으로 산불을 퍼 나른다. 혹여 바람이라도 불게 되면 산불은 걷잡을 수 없다. 회오리치는 바람을 따라 연기들이 사방에 흩어지고, 산불을 진압하기 위해 모여든 사람들은 오합지졸이 되어 머리를 땅속에 박고는 연신 기침을 해댄다. 그즈음 산불은 이미 능선을 넘어가고 있었다.

어릴 적 기억을 더듬어보면 동네 어른들은 매년 부역에 동원되어 산에 나무를 심었다. 면사무소에서 묘목이 배급되면 정해진 구역을 따라가며 매년 나무를 심었던 것이다. 더 오래전부터 산림청에서 조림 사업을 시행하였지만, 기억되던 때부터 헤아려도 대략 오십 년의 세월이 흘렀다. 우리의 산들은 성목으로 우거지고 땅은 부엽토가 형성되어 나무와 풀들에게 살기 좋은 강산으로 변했다. 물론 산림청에서는 임분을 조절하고 좋은 나무로 가꾸기 위해 매년 숲가꾸기와 수종갱신을 실시하고 있다. 그 노력으로 숲은 더 건강하고 아름답게 매년 진화하고 있는 것이 우리의 금수강산이다.

그 아름다운 금수강산이 불타고 있는 것이다. 많은 것들이 변했다. 숲들이 그 품을 키우는 것보다 인간사회는 훨씬 더 빠르게 성장했고, 국소기후, 온실가스, 이산화탄소, 엘니뇨 등 예측할 수 없는 이상기후의 많은 변수들이 우리 앞에 던져졌다.

2년 전, 인제 자작나무숲에도 강우와 한파라는 이상기온이 찾아든 적이 있다. 소식을 듣고 급히 인제 원대리로 줄달음쳤다. 결빙과 습설에 넘어지고, 부러지고, 휘어져 버린 자작나무들은 아픈 한 마리 학처럼 처참한 모습으로 숲을 지키고 있었다.

'새 이파리가 돋고 꽃이 피니 봄이요, 붉듯 노란 단풍으로 겨울을 준비하는 나무들을 보니 가을인 듯 하지만, 봄과 가을은 이미 우리와의 이별을 준비한지 오래다.'

2025년 3월 22일 의성군에서 산불이 났다. 얼마 지나지 않아 매스컴은 산불로 도배가 되고 있었다. 마침 불어닥친 강풍에 올라탄 산불은 결국 의성을 지나 안동, 청송을 넘어 영덕의 바다까지 이르렀다. 불길이 지나는 옆에 있던 군위와 영양까지도 그 피해가 막대했다. 일주일 만에 수십 명의 사상자가 발생하고, 구만 헥타르가 넘는 산림이 소실되었으며, 피해 금액이 일조원을 넘는다는 소식이 여기저기서 유령처럼 떠돌고 있었다.

산불이 나면 늘 소환되는 것이 동해안 산불이다. 봄철 건조한 날씨에 백두대간을 넘어오는 양간지풍과 결합된 불씨가 고성에서 시작하여 강릉과 동해, 삼척을 휩쓴 대표적인 대형 산불이다. 이 산불에 등장하는 양간지풍은 대형 산불이 일어나면 단골로 회자되는 원흉이자 면죄부가 되었다. 그러나 의성 산불로 인해 양간지풍은 그 원죄를 조금이나마 덜게 되었다.

편리함을 우선으로 하는 인간들의 욕심 앞에 이상기온이라는 자연의 역습이 시작되었고, 우리의 금수강산은 풍전등화 신세가 되었다. 많은 사람들의 노력으로 우리의 숲은 건강하고 아름다운 모습으로 세상을 보듬고 있는데, 사람은 그 숲을 지킬 능력이 없다. 의성 산불이 일어나고 많은 전문가들이 매스컴 앞에 서서 다양한 지식들을 늘어놓고 있다. 임도가 적은 것이 문제라는 것과 소나무가 많은 것이 문제라는 것과 기후 위기에 대한 대응이 문제라는 것 등 다양한 이야기를 쏟아낸다. 혹자는 그 의견을 반박하고 난타전까지 벌이며 국민들을 혼란스럽게 한다. 그러나 그 모든 방안들도 죄 없는 주검을 끌어안을 수 없다. 더욱 처참한 현실은 정부 당국에서 아무리 산불조심을 외치고, 단속하여도 산불은 일어날 수밖에 없다는 것이다. 모든 방안들과 더불어서 그것이 인간이 살아낼 수 있는 한계인 것이다.

의성 산불이 나고 얼마 후에 매스컴에서 눈길을 끄는 뉴스가 있었다. 정부 예산 중에서 산불 진화용 헬기를 구입하는 예산이 있었는데, 정부가 반영을 하지 않았느니, 국회가 예산을 깎았느니 하는 뉴스였다. 정확한 기억은 아니지만 백 몇 십 억쯤하는 예산이었다.

 산림청 산림항공본부에는 본부와 12개의 관리소가 각각 1대에서 6대까지 총 50대의 헬기를 보유하고 있다고 한다. 또한 공중진화대와 산불재난 특수진화대는 헬기와 더불어 산불 현장에 투입되어 최전선에서 사투를 벌이는 이들이다. 이상기온이라는 자연의 역습 앞에서 우리는 겸손하면서도 냉철함을 잃지 않아야 한다. 특히 봄철에 집중되는 대형 산불 앞에서 우리의 준비는 정말 철저한가? 50대의 헬기로 이 아름다운 금수강산을 정말 지켜낼 수 있다고 자신하는가? 죄 없는 주검 앞에서 어떤 말을 할 수 있을지, 참으로 두려운 일이다. 정책적인 문제나 조직적인 문제는 모두 제쳐두고, 한낱 글쟁이로서 속울음을 참으며 외치고 싶다. 의성 산불 한 번의 피해 금액이 일조원이 넘는다는데, 헬기 100대는 더 준비해야 하지 않는가!

 산불 현장은 이미 아비규환의 전장이다. 아직도 산불이 어쩔 수 없는 재난이라 생각되는가! 산불 진화는 자연의 역습에게서 국민의 생명과 재산을 지키는 국방의 영역이란 의문을 가져야 할 때가 아닌가라는 물음을 세상에 던져본다.

 살다 보면 행복한 일도, 두려운 일도, 황당한 일도 생기기 마련이다. 말할 수 없는 힘듦과 괴로움으로 순간적이지만 마음을 내려놓고 싶은 날들도 있다. 그러나 속울음을 삼키고 걷다 보면 짙푸르게 풍성한 숲이 어느덧 우리에게 다가온다. 몇 년 전 울진 산불 현장을 찾아 두천리에 든 일이 있다. 검게 그을린 산하와 화마의 두려움을 온몸으로 겪었을 주민들을 생각하며 참담함에 땅바닥만 보고 걷고 있는데, 까맣게 타다만

도토리 옆에서 고개를 내밀고 있는 노랑제비꽃 한 송이가 눈에 들어왔다. 목이 메이고 눈시울이 붉어져 아무 생각도 나지 않았다. 그저 고맙다는 말만 수없이 되뇌었던 기억이 있다.

두렵지만 용기를 내어 길을 나서야 한다. 철저한 반성과 냉철한 이성으로 조심스럽게 마음을 가다듬고 다시 숲으로 가자.

권경익 2025년 《산림문학》 수필 등단, (사)한국산림문학회 회원, (주)하늘그린 대표, 산림청 숲길 정책 자문위원

일그러진 얼굴

　스물몇 살 때 산불에 화상을 입어 얼굴 왼쪽이 일그러진 그 형 이름은 김종갑이었다. 마을에 있는 초등학교에 다닐 때는 우리보다 두 학년 위였고, 같은 학년 동급생보다는 한 살이 많았다. 우리 초등학교는 규모가 작은 시골 마을의 학교였기 때문에 학년별로 한 학급씩인 조그만 학교였다.
　그 형네 집은 우리 마을에서 조금 떨어진 산기슭에 있었는데, 우리는 그 집을 산지기네라고 불렀다. 종갑이 형은 산지기네 외아들이었다. 부모님은 한참 전에 어느 대가댁 종으로 있다가 면천을 했다고 했다. 그 댁의 배려로 논밭 마지기나마 얻어 부치면서 그 댁 소유의 산을 관리해 주고 있었기 때문에 산지기라는 이름을 얻었다고 했다. 그 산의 기슭에 산지기네가 있었다.
　그런 사연이 있었기 때문인지 나이 지긋한 산지기 내외는 마을 사람들에게 유난히 공손했다. 외아들을 남들보다 한 해 늦게 학교를 보낸 것도 '상민의 자식인데…' 하는 의식이 있었기 때문이었는지 모른다. 그러나 그 형은 한 살이 많기 때문이었는지는 모르지만 공부를 제일 잘했고 달리기도 일등이었고, 6학년 때는 학생회장이 되어 전교생이 모이는 운동장 조회 때면 학년별로 열을 지은 맨 앞에서 '차렷, 교장선생님께 경례'하는 구령을 외치기도 했다. 선생님들한테서도 인정받는 모범생이었지 싶다.
　6학년 무렵, 그 형은 같은 반 동급생인 내 누나를 좋아하는 눈치였다.

형은 늘 내 편이었고 나를 데리고 다니려 했다. 나를 이용하여 누나의 관심을 끌려 했을 것이다. 어렴풋이나마 그런 눈치를 챘던 것도 같지만 어쨌든 나는 그 형이 좋았다.

누나도 공부를 제일 잘하는 축이었고 얼굴도 예쁜 편이었다. 그러나 누나는 당시 대부분 소녀들이 그랬듯이 초등학교를 졸업하고 몇 년 후 대처로 나갔고, 그 형도 가난하고 연세 많은 부모님 슬하에서 중학교 진학을 못 하고 부모님을 도와 농사를 거들어야 했으므로 둘의 관계는 흐지부지되었을 것이다. 다만 나는 중학교까지는 고향에서 다녔고, 큰형님 댁에서 고등학교와 대학을 다닐 때에도 방학이면 부모님이 계신 고향에서 보내는 날이 많아 가끔 그 형을 찾아가 만나기도 하고 이런저런 마을 일이 있으면 함께 어울려 이야기를 나누기도 했다. 내 누나의 소식을 물은 듯도 하다. 그럴 때 형의 눈빛은 밝았고 말씨는 따뜻했고 표정은 부드러웠다.

그런데 내가 스물을 두세 살 넘겼을 무렵, 그 형의 나이가 스물대여섯쯤일 때 그 사달이 났다. 산지기네의 산에 산불이 났고 종갑이 형은 그 불에 타죽을 뻔했고, 겨우 목숨은 건졌지만 몸에 큰 상처를 입은 것이었다.

종갑이 형은 공손했던 산지기 농부의 아들로 착하고 듬직하게 성장한 듯하다. 마을에서도 싹수 있는 아이로 인정받았고, 일꾼 소리를 듣게 되면서는 고개를 여러 개 넘어야 하는 먼 마을 최부자네 고용살이를 해서, 삼 년 사경을 모아 땅 마지기도 장만을 했다. 염소도 사다 길러 십여 마리로 불렸다고 했다. 그러던 어느 해 봄, 산지기네 근처에서 누군가가 논두렁을 태우다가 불이 산으로 옮겨붙었고, 그 산에 울타리를 치고 방목을 하던 염소들이 타죽을 위기에 처하자 형은 그 염소를 구하러 불 속으로 뛰어들었다가 변을 당했다는 것이었다. 염소가 불을 피하려 한쪽으로 몰려가자 그곳으로 치달아 울타리를 무너뜨려 탈출구를 만들어 주려고 하다가 먼저 쫓아온 불길에 휩싸였다는 것이다. 염소는 모두 타 죽었다고 했다. 나중에 형으로부터 들은 이야기였다. 불이 난 산이 관리를 잘해 무성했기 때문에 불길이 더 무서웠다고 사람들은 전했다.

불길에 휩싸인 형은 산 아래로 굴러 요행으로 기슭과 이어진 논의 둠벙에 빠져 목숨은 구했지만 몸의 왼쪽 팔다리와 얼굴 왼쪽에 심한 화상을 입고 말았다. 시골에서 변변히 치료도 받지 못했던 듯, 한참 후에 그 소식을 듣고 찾아가 만난 그 형 얼굴의 흉터는 몹시 흉했다. 형은 나를 보고 왼쪽으로 고개를 돌리고 소리 죽여 울었고, 울어 일그러진 형의 얼굴은 더욱 보기가 흉했다.

내 부모님도 돌아가셔서 고향과 더욱 멀어진 후로는 종갑이 형과의 인연은 아주 끊어지다시피 하고 말았다. 풍문으로 들리는 이야기로는 상심한 부모님이 세상을 뜨신 후 마을을 떠났다가, 세월이 많이 흐른 다음 조금 모자란 여인을 아내로 데리고 고향으로 돌아왔다고 했다. 얼굴의 흉터는 그대로인 채로. 거기까지가 내가 알고 있는 김종갑이라는 사람의 이야기이다.

왼쪽으로 고개를 돌리고 소리 죽여 울던 종갑이 형의 그 흉터 난 얼굴은 지금도 내 가슴에 새겨져 사라지지 않고 있다. 형은 그때까지도 내 누님을 마음에 두고 있었을까? 어디선가 산불 소식이 들릴 때마다 형의 얼굴은 되살아나 나의 머리와 가슴을 찌른다. 아프다.

지난 3월 영남의 여러 지역에서 대형 산불이 번지고, 경남 산청에서도 산불이 지리산을 태우고 있다는 안타까운 소식이 전해지던 날이었다.

지리산 자락으로 낙향하여 지난해 마나님을 하늘로 떠나보낸 아버님을 모시고 시골 생활을 하는 후배가 염려되어 핸드폰 번호를 눌렀다. 아니나 다를까, "형, 저 지금 아버지 모시고 아내와 초등학교 강당에 와 있어요. 적십자사에서 지원을 나왔는데, 크게 불편한 건 없네, 허허"하는 후배의 목소리가 흘러나왔다. 집만 남기고 모두 타버렸다고 했다. 마을이 쑥대밭이 되었다고. 동네에서 상한 사람은 없지만, 이웃 마을에서 노인 한 명이 불에 타죽고, 다른 한 명은 크게 화상을 입었다고 했다. 올해는 취나물을 캐서 보내드릴 수가 없게 되었다고, 후배는 내 걱정을 했다.

산불이 잡혔다는 뉴스가 나온 날 다시 안부 전화를 했더니 집으로 돌아오기는 했는데, 산이고 들이고 눈에 보이는 건 잿더미뿐이라고 했다.

그 잿더미를 2022년 봄에 나도 본 일이 있다. 울진 지역이 대형 산불로 큰 피해를 입은 지 한 달쯤 후에 그 지역을 방문할 기회가 있었다. (사)한국산림문학회 회원들이 뜻을 모아 마련한 성금을 전달하기 위해서였다. 3월 초 그 메마른 시기에 발생한 산불이 어떻게 확산되었는지, 진화는 어떻게 이루어졌는지, 피해 규모와 앞으로의 예방책은 어떠한지 등에 대한 간단히 설명을 들은 후에 피해 지역을 한눈에 내려다볼 수 있는 전망대로 올라섰다.

백두대간과 그에 이어진 산맥들이 뭇 생명을 품고 신비로운 갈매빛으로 웅장한 자태를 드러내던 그곳이었다. 일망무제, 끝 간 데 없이 펼쳐진 그 산하가 모두 잿더미, 무겁고 어두운 침묵으로 가라앉아 있었다. 눈이 가 닿는 저 먼 그곳까지도 무엇 하나 움직이지 않고 아무 소리도 들려오지 않았다. 지옥의 풍경이 이러할까? 문득 두려움이 일었다.

세상이 아름다운 것은 세상의 모든 것들이 관계의 그물로 엮이어 있기 때문이다. 꽃 한 송이가 소중한 것은 나비에게 꿀을 줄 수 있기 때문이다. 벌 한 마리가 중요 것은 꽃이 수분을 할 수 있도록 도와주기 때문이다. 엄마가 하늘인 것은 아가를 키우고 있기 때문이고, 아가는 엄마에게 목숨보다 소중한 존재이다. 이 세상의 필부필부들도 모두 그러한 관계 속에서 존재성을 획득한다.

숲도 마찬가지이다. 숲의 생태를 구성하는 생물과 무생물들, 식물과 동물, 나무와 풀, 곤충과 새와 짐승들, 땅속에서 나무의 뿌리와 연결되어 있고 뿌리와 뿌리를 이어주고 있는 균사들, 식물에 의지해 살면서 도움도 주는 박테리아들까지 숲의 모든 존재는 서로 관계를 맺으며 자신이 있음을 증명한다. 그러나 눈앞에 끝 간 데 없이 펼쳐진 저 잿더미에서는 그 모든 관계가 사라지고 없었다.

장마가 오기 전에 산청 후배와 가까이 지내던 몇몇 지인들과 그곳으로 내려가서 며칠이 되든 도울 일이 있으면 힘을 보태기로 했다. 일도 일이지만, 그렇게 우리가 관계로 연결되어 있음을 확인시키는 것도 적으나마 위로가 되지 않을까 하는 바람이다.

이 글을 쓰고 있는 지금, 화상의 흔적으로 왼쪽 얼굴에 살이 엉겨 붙은, 눈물을 흘리는 종갑이 형의 모습이 눈앞에 어른거린다. 눈 닿는 데까지 죽음으로 덮여 있던 잿빛의 땅을 보며 느꼈던 두려움도 되살아난다. '크게 불편한 건 없네요, 허허' 하던 후배의 허허로운 목소리도 귓가를 맴돈다. 글을 쓰면서 그 아픔들이 조금은 눅는 듯한 느낌도 받는다. 이것이 글의 힘인가 보다.

글을 쓰면 마음속의 감정을 밖으로 꺼내 정리할 수 있다고 한다. 글로 쓰이는 그 일을 객관화시켜 응시할 수 있게 된다고 한다. 성찰과 의미의 재발견이 이루어진다는 것이다. 그러면서 스스로 위로를 받고 상처가

회복되고 슬픔도 이겨내게 된다고 한다.

《산림문학》이 산불의 화마로부터 심신에 상처를 입은 분들이 그 일을 글로 쓰면서 위로받고 아픈 상처를 다스릴 수 있었음으로 하여 탄생하게 되었다는 그 전설 같은 이야기가 사실임을 이 글을 쓰면서 확인하게 된다. 그분들께 감사하는 마음이다.

김국회 《산림문학》 수필 등단. (사)한국산림문학회 이사, (사)한국숲해설가협회 상임대표. 저서 『선생님의 얼굴』 『제 이름 좀 불러주세요』 『책으로 숲을 읽다』. 제4회 자랑스런산림문학인상

피난준비

김복임

2025년 3월 21일 의성에서 시작된 산불이 경북 5개 지역을 휩쓸고 있다. 이제는 눈앞에 보이는 모든 것이 산불로 보인다. 집을 잃은 강아지가 타오르는 불길을 바라보는 사진, 주인이 떠난 집에 묶여 있다 화상을 입은 반려동물의 안쓰러운 모습이 마음이 아리다. 얼마나 급했으면 식구 같은 반려견을 풀어주지도 못하고 떠났을까!

바람이 태풍 수준이다. 내가 할 수 있는 일은 바람이 잠잠해지기를 기도할 뿐이다. 12시간 만에 의성에서 영덕까지 날아간 불씨는 도깨비불이다. 산불은 길을 잃고 헤매는 치매 환자와 같다는 생각이 든다. 치매 환자인 지인의 남편이 집을 나가 밤새 길을 잃고 산을 돌아다니다가 구조단의 도움으로 집으로 돌아온 얘기를 들은 터다.

산이 좋아 부산 생활을 접고 고향으로 돌아온 지 7년이 지났다. 삼봉산 자락 해발 600m에 우리 집이 있다. 의성 산불도 진행 중인데 3월 26일 산청군 구곡산에서 지리산 국립공원으로 불이 옮겨붙고 있다는 소식이 뉴스 속보로 전해진다. 천왕봉은 이곳에서 거리가 얼마 되지 않는다. 삼봉산자락으로 불이 옮겨붙는다면 바로 지척이다. 갑자기 피난준비를 해야겠다는 생각이 들었다. 불이 가까이 왔을 때 급하게 빠져나간다면 아무것도 챙기지 못할 것 같아서다. 카드, 통장, 여권, 주민등록증을 챙겨서 가볍게 들고 갈 수 있는 가방에 챙겼다. 젊은 날 여행 중에 사들인 여러 나라의 특색있는 목걸이와 액세서리 몇 개도 챙겼다. 더 챙길 게 없나 생각해보니 매일 먹는 건강식품과 우선에 입을만한 옷 한두 가지를 챙기려다 부질없다는 생각이 들었다. 집을 버리고 피난을 나온 분들을 생각하니 자포자기하는 마음도 들었다.

노심초사하는 나와는 달리 남편은 낮에 사촌오빠 밭에 가서 일을 도와주고 온 탓인지 세상모르고 자고 있다. 무슨 일이 생기면 남편을 깨워 함께 피난 가는 일이 가장 먼저일 것 같다. 자정이 다 되어가는데 잠이 오지 않는다.

어린 시절 기억이 새롭다. 초등학교 때 학교 뒷산에 올라 아까시나무 씨앗을 따 모으던 때가 있었다. 사방사업의 하나로 헐벗은 산에 아까시나무 씨를 심는 일은 수해를 막고, 산이 황폐해지는 일을 막기 위해서였다. 그 아까시나무가 산림을 해친다고 박대하는 소리를 들을 때 괜히 내가 서러움을 당하는 것처럼 울컥하던 순간이 있었다. 그 서럽던 나무들이 산을 지키고 있는 것은 아닐까.

아침이 되니 다행히 바람이 자고 있다. 지리산 지역에 비 소식이 있다. 벌겋게 불꽃이 번지고 있는 산에 세찬 빗줄기가 내리는 환상이 눈 앞에 펼쳐진다.

"방화선이 뚫렸으면 천왕봉까지 3시간이면 불길이 도착해요. 그랬다면 손도 못 쓸뻔 했어요. 다행히 지리산이 무사해요. 눈물이 납니다."

큰 불길이 잡힌 30일 남송희 산림청협력관은 떨리는 목소리로 지리산이 무사하다고 소식을 전했다. 진화대원들이 험준한 산세를 뚫고 사력을 다해 산불 확산을 막아낸 덕분이다.

산불 피해가 막심한 지역민들과 나무들과 산에 사는 모든 생명에게 미안하다. 갑자기 목이 마르다.

"산불에 길을 잃어도 싹으로 돌아오라"

이 문구는 산불의 문제점을 국민들과 함께 고민하고 회복과 예방의 길을 찾아보고자 마련된 한국산림문학회 산불글 모집 공지에 나온 내용이다.

글을 써야겠다는 생각을 하게 한 문구이다.

작은 불씨가 강풍의 날개를 달고 화마로 변했다. 수많은 생명을 태우며 지나간 자리에 새순이 보인다. 설마 설마 하며 더듬거리는 눈으로 다시 살펴본 그 자리. 연둣빛 새순이 숨 쉬고 있다. 바람에 하늘거리고 있다. 새순을 살짝 입에 넣어본다. 분명 길을 잃지 않고 돌아왔다.

달착지근한 그 맛을 간직한 채 우리에게로 돌아온 둥굴레 새순!

우리의 희망이다.

김복임 《수필과 비평》 수필·《아동 문예》 동화 등단, (사)한국산림문학회 회원, 수필집 『목련나무가 있는 집』 『 아버지의 우물』, 동화 『꽃샘』.

고슴도치 능선

'고슴도치'와 '고슴도치 딜레마'라는 말은 알아도 '고슴도치 능선'이란 단어는 처음 들어 봤다. 그런데 이 말은 '산불을 염려하는 많은 산림 공직자와 전문가들이 자주 사용한다'는 것이다. 지난 3월 말, 경북지방에 회오리 처럼 일어났던 화마가 꺼진 뒤에 처참한 현장의 산모양과 나무 줄기가 새까맣게 탄 모양새는 마치 고슴도치 등침 처럼 보였다.

불이 진화된 뒤 우리 형제들은 청송에 있는 부모님 산소를 찾아 보기로 했다. 화염이 잦아들면 곧장 찾아 볼 생각을 가졌으나 많은 인명 피해와 집까지 태운 주민들도 많은데 조상들 산소 부터 챙길 수는 없는 실정이었다. 한달 후 대구에서 모인 육남매와 자녀들이 의성과 안동을 거쳐 청송으로 가는 서산~영덕간 고속도로를 따라 고향길에 올랐다.

고속도로 주변은 엄청난 화마가 할퀴고 간 흔적으로 멀리 보이는 산의 능선은 온통 검은 숯덩이로 보였다. 의성군을 거쳐 들어가는 고속도로의 점곡과 청송휴게소는 건물이 모두 타 버려 뼈대만 남았고, 주유소와 전기충전소만 겨우 운영되고 있었다. 흉물스런 건물은 가림막으로 막아 두었으나 앞쪽에는 간이 화장실이 설치되어 있었다. 주변 산들도 능선마다 타다가 남아 가시돋친 고슴도치 능선으로 보여진다.

고속도로를 벗어나 국도를 따라 산소가 있는 산기슭에 이르자 주변의 소나무 등은 완전히 소실 되었으나 상수리나무와 물푸레나무 등은 줄기만 검게 남아 있었다. 지나가는 화염에 나무들은 반쯤 노랗게 거슬러 있었으나 위쪽으로 올라 갈수록 숲은 재만 남기고 사라져 버렸다. 계곡 물

김선완

이 있는 곳은 타다가 남은 둥치만 보였고, 능선은 완전히 소실되어 속가지만 고슴도치 등침 처럼 뾰족히 남아 있었다. 흙도 강한 화마로 표피가 완전히 타버려 굵은 마사토처럼 엉켜 있었다.

휴게소 건물이 불에 탄 뒤 설치 된 임시건물 뒤쪽이 '고슴도치 능선'처럼 보이는 모습

우리 형제와 가족들은 모두가 말을 잃은채 묵묵히 잿빛으로 변한 산을 올랐다. 묘지 주변은 오래전에 심어 무성했던 이팝나무, 백일홍은 모두 타버리고 뿌리 부분만 조금 남았다. 아름드리 벚나무는 매년 찾아가는 우리 가족들을 반겨주며 그늘을 주었는데 지금은 불탄 그루터기만 보였다. 하지만 묘지 주변에도 조금씩 잔디가 올라오고 있었다. 고사리도 곳곳에서 한뼘씩 자라 올라 역시 고생대 부터 살아남은 생명력을 과시하기도 했다. 우리는 돗자리를 펴고, 그을린 석물에 물을 붓고 닦아 음식도 차렸다. 모두들 침묵했다. 평소와 다른 분위기가 느껴졌다.

성묘 후 형수와 누님들은 이리저리 둘러 보시면서 각자 한웅큼씩 고사리순을 꺾어 보여 주셨다. 형님들은 "이번 산림이 회복되려면 30년 이상 기다려야 할 것 같다"며 한숨을 내쉬었다. 가시처럼 울퉁불퉁하게 남아 있는 슬픈 '고슴도치 능선'도 푸른 숲으로 바뀌려면 얼마나 기다려야 되는 것일까? 이번 산불에서 소나무가 많은 우리 산림의 약점이 고스란히 드러났다. 상수리나무와 활엽수, 침엽수림을 골고루 섞어 경제림으로 대체하는 기회가 필요하다.

산림에도 소위 사람들에게 적용되는 '고슴도치 딜레마(Hedgehog's dilemma)'와 같은 모순적인 것도 있었다. 그동안 숲을 가꾸는데 치중하여 경제적인 가치와 산불예방에는 소홀한게 아닐까? 매섭게 추운 겨울에 두 마리의 고슴도치가 추위를 피해 서로 따뜻하게 안아주고 싶어도 어울릴 수 없는 상태를 심리적인 딜레마로 표현한다. 산림도 무조건 가꾸기만 할게 아니라 잘 이용할 수 있도록 이번 산불을 통해 크게 깨달음을 주는게 있었다.

의성에서 일어난 부주의한 작은 산불은 강한 남동풍을 타고 이틀 뒤에 안동과 청송, 영양을 거쳐 사흘째는 영덕 해변가 마을까지 집어 삼켰다. 불은 회오리와 태풍처럼 걷잡을 수 없었기에 속수무책으로 당하고 말았다. 3월 21일부터 일주일 동안 계속 된 경북산불로 사망 27명과 부상 156명 등 183명의 인명피해와 10만4000ha의 산림이 파괴 되었다. 산불피해 통계를 작성하기 시작한 1987년 이래 가장 큰 피해다. 정부는 경북지방 5개 시·군지역 피해액을 1조818억 원을 확정하고, 복구비로 주택 등 민간 피해액 4,954억원과 공공시설 1조3,855억원 등을 지출키로 했다.

도시에 살고 있는 출향인들도 '산불피해를 당한 고향에 성금을 내자'는 소식이 단톡 곳곳에 올려졌다. '수년 전에 고향으로 내려간 친구가 지은 아름다운 한옥도 소실 되었다'고 한다. 그곳은 청송읍 덕천리 심씨 종가마을로 지방문화재로 지정 된 오백년 된 '송소고택'이 있는 것이다. 고택과 어울리는 한옥을 짓기 위해 친구는 십년전 부터 설계하여 재작년이 되어서야 네 칸짜리 '안평재安平齋'를 완성했다. 이같은 이름은 '어린 시절 사랑으로 키워 주신 안동 김씨 할머니와 평산심씨 어머니의 사랑을 잊지말자'는 뜻으로 '안동과 평산'의 첫자를 따서 지은 것이다.

그런데 산불이 청송읍 덕천마을 주변을 덮치자 소방서는 지방문화재인 '송소고택'을 지키기 위해 총력을 기울이면서 정작 마을의 고택과 한옥 여러채는 불씨가 문지방 등으로 옮겨 붙으면서 소실되는 피해가 많았다. 인근 파천면 중평리 평산신씨 집성촌은 고택이 통째로 불타기도 했다. 아름다운 중평숲의 일부도 빨갛게 그슬려 버렸다. 또 국립공원 주왕산에 속하는 달기약수탕의 경우도 스무 채의 식당 가운데 두 채만 빼고는 모두 불타고 말았다. 가장 큰 규모의 식당을 운영중인 친구도 몸만 빠져나와 5개월째 읍내 여관방에서 살고 있는 실정이다. 가을쯤 임시주택이 마련되면 피난살이에서 벗어날 수 있게 된다. 공직을 마친 뒤에 청송군 진보면에서 일구던 삼천 평 규모의 사과밭은 절반쯤 타 버렸다.

이처럼 집과 과수원, 가게 등을 모두 잃어버린 고향친구가 다섯명이나 되었다. 더구나 관광산업으로 먹고 사는 주왕산 일대 주민들도 손님들의 발길이 끊겨 울상이다. 그래도 고향마을 사람들은 다시 일어 서리라 확신한다. 불길에 집과 가게를 잃어 가슴은 눈물로 젖었으나 이제 애통한 마음을 기쁨으로 채우는 회복의 시간이 필요한 것이다. 이웃끼리 산불의 상처를 보듬어 치유하는 희망을 꿈꾸는 고향이 되길 기도해 본다.

김선완 2023년 《산림문학》 수필 등단. 한국산림문학회 · 대구문인협회 회원, 전 중앙일보 기자, 경북외국어대학교 교수 역임

잿빛 마을, 붉은 심장을 안고

'따개비 마을'. 이름만 들어도 마음이 따뜻해지던 마을이었다. 바다를 품고 옹기종기 살아가던 그곳은, 기암괴석 해안 절벽 위에 다닥다닥 붙어 있는 집들이 마치 바위 위의 따개비 같다고 하여 붙은 이름이다. 벚꽃이 피고 송이가 돋던 계절, 저녁이면 굴뚝에서 밥 짓는 연기가 몽글몽글 피어오르던 그 동네가, 이제는 산불로 인해 온통 잿빛 폐허로 변해버렸다.

의성군, 울주군, 산청군 등지에서 발생한 대형 산불은 마을을 한순간에 휩쓸었다. 바람이 스치기만 해도 재가 날아 하늘을 뒤덮고, 그 재와 연기는 사람들의 가슴속 깊이 스며들었다. 매캐한 공기는 단지 연기가 아니었다. 그 마을의 삶, 눈물, 추억이 녹아 있는 잔해였다. 목을 타고 폐부까지 스며드는 냄새는 마음을 짓누르고, 무거운 공기 속에 사람들은 깊은 절망을 삼켜야 했다.

무너진 집, 검게 탄 기둥, 다 타버린 세간과 사진들, 타다 남은 가축우리까지… 모든 것이 그곳에 사람이 살았음을 증언하고 있었다. 그러나 사라진 것은 단순한 물건이나 건물이 아니었다. 그 안엔 한 사람, 한 세대, 한 마을의 역사가 고스란히 깃들어 있었다.

화마는 바람을 타고 산에서 산으로, 삶의 흔적에서 또 다른 삶의 흔적으로 옮겨 붙었다. 그 무엇으로도 막을 수 없었다. 마을은 숨을 죽인 채 그저 바라볼 수밖에 없었고, 사람들은 삶터를 버리고 도망쳐야 했다. 특히 노인들은 매일 복용해야 할 약조차 챙기지 못한 채, 겨우 몸만 빠져

김용덕

나오는 일이 대부분이었다. 기르던 가축이나 반려동물을 남겨두고 떠난 이들은 그들의 안위를 걱정하며 밤을 지새워야 했다.

괴물처럼 휘몰아친 산불은 그 무엇과도 비교할 수 없는 공포의 대상이다. 10만ha에 달하는 산림을 잿더미로 만들고, 삶의 터전을 하루아침에 폐허로 바꾸었다. 그런 재난이 닥칠 때마다 사람들은 묻는다.

"왜 또 소나무를 심느냐고."

"불에 잘 타는 나무를 왜 굳이 심느냐고."

맞는 말이다. 소나무는 송진이 많아 불이 붙으면 쉽게 꺼지지 않는다. 언론은 종종 소나무를 산불 확산의 주범으로 지목한다. 하지만 그것이 전부일까. 그 질문에는 '토질'에 대한 이해가 빠져 있다. 타버린 산을 참담한 마음으로 바라보다가, 문득 한 독림가篤林家의 말이 떠올랐다.

"여기 보세요. 이 마사토磨砂土는 돌이 많고 척박한 땅이에요. 이런 토양에서는 웬만한 식물은 자라기 어렵습니다. 우리나라의 평균 토심은 50cm도 되지 않기 때문에, 뿌리가 깊은 심근성深根性 수종인 소나무만이 이 땅을 버티며 자랄 수 있는 것이지요."

그는 말을 이어갔다. "대부분 작물은 알칼리성 토질을 좋아하지만, 소나무는 산성 토양에서도 잘 자랍니다." 평생을 산에 바친 그는 '한 평에 한 그루씩' 3,000평에 3,000그루를 심고, 솎고, 가꾸며 30년을 기다렸다고 한다. 그러나 그 산은 겨우 200만 원의 평가를 받았다.

"누가 그걸 바라보고 나무를 심었겠습니까. 그저 산을 푸르게 하고 싶었을 뿐이죠. 내가 이 산을 떠난 뒤, 다음 세대에게 조금이라도 나은 숲을 물려주고 싶은 마음이었어요."

그의 얼굴에는 세월의 그림자가 묻어 있었고, 수지타산을 따지지 않고 바보처럼 나무를 기르며 살아온 이의 조용한 웃음이 배어 있었다.

우리나라 산림의 대부분이 국유림이라 생각하지만, 전체 630만 헥타르 중 66.7%는 개인이 소유한 사유림이다. 이 산들에는 독림가들의 땀과 정성이 스며 있다. 하지만 사유림이라 하더라도 산주는 많은 제약을 받는다. 어떤 나무를 심을지도 허가받아야 하고, 농지 전용이나 벌목 역시 까다로운 절차를 따라야 한다.

세상에서 가장 느리게 움직이는 것이 있다면, 그것은 바로 '나무'일 것이다. 씨앗이 땅에 떨어져 싹을 틔우고, 가지를 뻗으며 줄기가 굵어지기까지 수십 년이 걸린다. 그러나 그 느림은 단단하고 깊다. 누군가의 숨결과 바람이 스며들어 자라는 생명. 그 나무가 어느 날 화마의 횡포로 한순간에 잿더미로 변하고, 그 느림마저 사라진 것이다.

눈 깜짝할 사이 산은 타고, 숲은 사라졌다. 남은 것은 시커먼 잿더미와 타버린 우리의 마음뿐이다.

"우리는 무엇을 잃은 것일까."

"그리고 무엇을 지켜야 할 것인가."

나는 자주 산에 오른다. 그곳엔 이름 모를 새들이 지저귀고, 바람은 잎 사이를 비집고 다니며 무언가를 속삭인다. 산의 품에 안길 때마다 마음이 정화되는 것을 느낀다. 나무는 언제나 말이 없다. 그러나 묵묵히, 충실히, 꾸준히 이 땅을 지키고 있다. 탄소를 흡수하고 숲의 온도를 조절하며, 수분을 머금고 토양 유실을 막고, 동물의 집이자 인간의 쉼터가 되어준다. 숲은 언제나 베풀기만 한다.

그럼에도 우리는 묻는다.

"이 숲이 경제적으로 무슨 가치가 있는가?"

"목재로 쓸 수 있는가?"

"산불에 약하지는 않은가?"

숲은 대답하지 않는다. 그러면서 되묻는다.

"너희는 나 없이 얼마나 살 수 있는가?"

나는 다시 마음을 다잡는다. 삽을 들고, 잿더미 위에 마음을 심는다. 현재 국내 목재 산업에서 국산재의 활용 비율은 16%에 불과하고, 수입 목재가 84%를 차지한다. 소나무는 외면받고 있다. 경제성이 낮고 산불 확산의 원인으로 지목되기 때문이다. 그러나 소나무가 목재로서 대접받기까지는 80년, 100년이라는 긴 세월이 필요하다. 그 느림이 오늘날 외면의 이유가 되었다는 현실은 슬프기만 하다.

낙엽송처럼 천근성淺根性의 속성 수종은 동해안처럼 강풍이 많은 지역에서는 뿌리째 뽑히기도 한다. 반면 눈이 많이 오고, 바람이 거세게 불어도 꿋꿋이 자리를 지키는 것은 오직 소나무뿐이다.

지구는 점점 뜨거워지고 있다. 사계절은 흐릿해졌고, 장마와 가뭄, 폭설과 폭염이 교차하며 극지의 얼음은 빠르게 녹고 있다. 해수면은 높아지고 기후는 인간의 예측을 비웃는다. 그 원인은 산업화와 탐욕, 그리고 나무를 베어 만든 길과 구조물들이다.

지금 우리의 숲은 연간 약 3,200만 톤의 탄소를 흡수하고 있지만, 2050년에는 1,400만 톤도 되지 않을 전망이다. 그 이유는 대부분의 숲이 같은 연령대에 도달하면서 생장 정점을 지나고, 탄소 흡수 능력이 떨어지기 때문이다.

생물다양성은 멀게 느껴지지만, 사실은 우리 발아래 흙 속, 나뭇가지 위, 개울가 돌 틈 사이에서 살아 숨 쉬고 있다. 한 종이 사라지면 다른 종도 흔들리고, 결국 인간도 흔들릴 수밖에 없다. 우리가 다시 소나무를 심고자 하는 이유는 경제성 때문만은 아니다. 토질과 환경에 맞는 나무로서, 그 숲을 다시 울창하게 만들 수 있는 동반자이기 때문이다.

송이는 그 숲이 품은 선물이고, 참나무·낙엽송·전나무·편백 등은 생태적 역할을 지닌 존재들이다. 이들이 조화롭게 어우러질 때 비로소 숲은 '생명의 숲'이 된다.

이제 우리는 진지하게 고민해야 한다. 후손들에게 어떤 숲을 남겨줄 것인가. 그들이 거닐 산책로는 지금 우리가 어떤 나무를 심느냐에 따라 달라질 것이다. 숲은 단지 오늘의 풍경이 아니다. 백 년 후, 우리가 떠난 뒤에도 남아 있을 '기억의 그늘'이다.

오늘도 나는 변함없이 숲을 걷는다. 잿더미 위에 심은 한 그루의 작은 나무는 아직 연약하지만, 그 속엔 미래가 자라고 있다. 바람은 지나가고, 계절은 순환하며, 어린 나무는 묵묵히 자랄 것이다. 언젠가 그 숲은 다시 초록으로 채워질 것이다.

오늘도 기도하는 마음으로 조용히 삽을 들고, 정성을 다해 마음을 심으며, 푸르른 그날을 꿈꾼다.

김용덕 2021년 《시와늪》 수필·2022년 《산림문학》 시 등단, (사)한국산림문학회 이사, (사)한국자연보호중앙연맹 총재. 시집 『소리 없는 풀잎의 말』, 수필집 『바다에서 멈춰버린 우리』

숲에는 생명의 길이 있다

백두산의 기세가 남쪽으로 크게 벋어가면서 산들이 백두대간을 이룬다. 백두대간을 뒤에 두고 정맥들이 파도처럼 앞으로 뻗어 나간다. 산들이 평야를 에워싸고 계곡천을 모아 큰 강을 이룬다. 이 거대한 산들의 고장은 숲의 바다요 한반도의 허파다. 도시의 거친 욕망에 상처를 입은 자, 자신의 근원이 흔들리는 자, 마음 속 깊이 무언의 그리움을 품고 있는 자는 거대한 숲의 바다로 가야한다. 숲의 바다 속에서 그는 희망을 찾고 삶의 의미를 얻을 것이다. 산들의 고장을 가득 채우고 있는 울창한 숲은 우주가 생명의 욕망을 감추고 있는 비밀의 공간이다. 그 속에는 생명의 에너지가 소용돌이친다. 생명의 거대한 숨결이 파노라마가 되어 펼쳐진다. 숨결은 끊임없이 이어지는 높고 낮은 봉우리와 깊고 얕은 계곡을 가득 덮고 흐른다.

그러나 불행하게도 이제는 거대한 숲의 바다를 찾을 수 없게 되었다. 대형 산불이 곳곳을 휩쓸고 지나갔기 때문이다. 만약 누군가 숲의 로망에 이끌려 거대한 산들의 고장으로 들어간다 해도 그는 아픈 가슴을 안고 돌아갈 것이다. 숲의 바다는 더 이상 희망의 땅도 아니고 상상을 자극하는 생명의 공간도 아니다. 폐허로 인해 결핍이 가득한 불모의 사해가 되어버렸다. 생명의 숲이 다시 모습을 갖추기 위해서는 적게는 30년 이상이 걸린다. 완전히 예전의 모습으로 돌아오는 데는 100여년이 걸릴 수도 있다. 이제부터 긴 세월 동안 이 지역에서 더 이상 초록의 향연은 볼 수 없을 것이다.

산불의 시작은 지극히 미미하지만 끊임없이 바람을 욕망한다. 바람이 그림자처럼 다가와 흔들면 불길이 일어난다. 붉은 혀가 움직이기 시작하고 바람이 한바탕 춤판을 벌인다. 춤사위가 반복되면 불은 날개를 달고 더 이상 약한 존재가 아니라 강력한 힘을 갖춘 불새가 된다. 어설픈 시작이 무도한 익숙함으로 물들고 마침내 불새는 거침없이 날개를 펼친다. 불새는 도솔산 푸른 숲을 향해 질주를 한다. 영원한 생명의 나무들이 굳건히 자라는 에덴의 동산을 공격한다.

바람을 탄 불새는 시위를 떠난 파괴의 화살이다. 불새가 지나가는 곳은 불길이 치솟고 숲의 생명들은 쓰러져 간다. 누가 있어 바람을 타고 나르는 욕망의 불길을 막을 것인가? 광풍 속에서 춤추는 불길의 욕망 앞에서 여린 영혼들이 숨죽이고 있다. 이 불길의 아킬레스건을 베지 않으면 숲은 영원히 암흑 속으로 사라질 것이다. 용사들이 모여들고 진압장비들을 갖춘 후 사력을 다한 전투를 벌인다. 배수의 진을 친 생명의 전사들은 결코 물러서지 않는다. 용사들은 파괴될지언정 패배는 하지 않는다. 시간은 용사들의 편이다. 고통의 시간이 지나면서 드디어 불길의 욕망을 잠재울 수 있게 된다. 그러나 불굴의 용기와 희생으로 산불을 막아내지만 피곤하고 지친 심신 앞에는 불모의 대지가 펼쳐진다. 산불의 욕망이 지나간 흔적이다.

이제 우리가 찾는 숲은 이미 검은 숲이 되고 폐허가 되어 버렸다. 은밀하게 감추어 두었던 생명의 보고는 불길의 욕망 앞에 속수무책으로 파괴되었다. 우리는 이 비참한 현실 앞에서 냉정해 질 필요가 있다. 산불은 바람을 얻어 숲이 품고 있는 생명의 에너지를 흡수해서 자신의 힘을 계속 키우려고 할 뿐이다. 불길은 지나가면서 모든 생명을 태운다. 우리는 그 욕망을 미워할 필요는 없다. 그것이 산불의 길이고 산불의 속성이다.

　반면에 숲에는 생명의 길이 있다. 이 길은 산불의 길과는 정반대의 길이다. 숲을 의지해서 생존하는 모든 존재가 가야하는 길이다. 우리는 이제 이 길을 열심히 따라가야만 한다. 이 길에는 산불의 욕망을 넘어서는 생명의 욕망이 흐른다. 불의 강력한 칼춤이 휩쓸고 지나가면 단절과 결핍만이 남지만 생명의 욕망은 단절을 잇고 결핍을 메우기 위해 작동한다. 생명의 욕망은 우주의 욕망이기도 하다. 결코 잠들지 않고 시들지 않는 에너지를 갖고 있다. 이 길 속에는 어떠한 야만의 산불도 넘어설 수 없는 힘이 있다.

　산불이 지나간 폐허 위에 선 생명체 앞에는 고난의 역사가 기다리고 있다. 그들은 왜 피와 땀과 고통을 감내해야 하는지도 충분히 알고 있다. 따라서 인간은 무엇을 어떻게 할 것인가를 선택해야 한다. 숲의 생명을 재건하기 위한 첫 삽은 숲에 대한 관심과 관계의 회복에서 시작될 것이다. 산불이 초래한 분리와 단절과 생명의 훼손에서 연결과 관계와 생명의 회복을 되찾기 위해서는 많은 이의 기도가 모여야 한다.

　숲에는 수많은 종류의 나무로 가득하다. 나무들은 저마다 독특한 생존방식이 있다. 이 방식의 가장 중심에는 햇볕에 대한 치열한 경쟁이 있다. 외부의 힘이 방해를 하지 않는다면 숲은 나무의 욕망으로 인해 스스로 변화를 한다. 지의류, 초원, 관목, 양수림, 혼합림, 음수림으로 변화를 하면서 숲의 생태계는 안정화되어 간다. 이를 숲의 천이遷移라 한다. 산불은 숲을 태워 나무를 없애버리고 토지를 황폐시킬 뿐 만 아니라 숲의 생태계가 안정화되어 가는 자연스러운 변화를 막기도 한다. 산불로 숲이 사라지면 천이遷移의 시간표는 과거로 돌아간다.

　그러나 드물지만 산불이 마냥 숲의 생태계에 나쁜 영향만 주는 것은 아니다. 자연현상에 의해 일어나는 산불은 숲의 자생력을 키우는 선한 영향을 주기도 한다. 나무가 지나치게 밀집해지면 번개에 의해서나 나무끼리 마찰을 일으켜 산불이 일어난다. 산불은 엄청난 화력으로 거대한 숲을 태우고 폐허로 만들지만 숲은 폐허를 딛고 다시 자신의 품안에 생명을 잉태한다. 우주의 욕망이 작동하기 시작하는 것이다. 이를 숲의 2차 천이라고 부른다. 처음의 숲이 사라지고 2차 천이에 의해 다시 만들어지는 숲을 2차림이라 한다.

자연산불이 자주 일어나는 지역에 생성된 2차림에는 자연도태와 같은 생존의 법칙을 찾아 볼 수 있다. 이런 지역의 나무들은 불에 대한 대응력을 길러 오히려 산불을 통해 자신들의 영역을 키우는 것이다. 대표적인 예로써 레드우드 세쿼이아가 주종을 이루는 미국 캘리포니아의 뮤어 우즈 국립공원을 들 수 있다. 이 나무는 높이 100m 이상 자라고 1000년을 넘게 살아간다. 세쿼이아는 두꺼운 껍질을 가지고 있어서 산불의 열기로부터 내부의 층을 지킬 수 있다. 또한 이 나무의 솔방울은 고온에서 발아하도록 환경에 적응되어 있다.

다른 한편 인간이 실수로 일으키는 산불은 성격이 다르다. 특히 우리나라처럼 자연산불이 아닌 인위적인 산불이 자주 발생하는 지역에서의 산불은 숲에게 큰 후유증을 남긴다. 이런 산불은 불시에 숲을 파괴시키고 황폐화 시킨다. 대지가 품고 있는 자생력은 약하고 숲에 사는 식물들은 산불에 대한 준비가 부족한 상태로 황폐화 된다. 스스로 생명을 키워 복원하는 데는 더 많은 고통과 시간이 요구 될 것이다. 결국 숲의 복원은 인간의 욕망이 영향을 미치게 된다.

이럴 경우 자칫 숲의 생태계는 더 큰 혼란을 일으킬 수 있다. 대개 인공조림을 하면서 단순히 효율성과 이익창출을 쫓는 경우가 많다. 이 방법은 숲을 빨리 울창하게 하고 특정 수종만 길러 목재를 자원화 할 수도 있다. 그러나 이러한 방법은 또 다른 생태계의 파괴를 불러올 것이다. 반면에 숲의 회복력을 믿고 식물의 다양성을 살리는 조림을 할 수도 있다. 이 방법은 숲의 복원을 위해서 더 많은 시간이 필요할 것이다. 그렇지만 이렇게 복원된 숲은 생명의 조화와 균형을 갖춘 생태계를 갖게 된다.

숲에는 생명의 길이 있다. 어떠한 방법을 선택하든 세월이 가면 숲은 다시 울창해 질 것이다. 그러나 인간의 부당한 손길이 미치면 숲은 후유증을 갖게 될 것이다. 숲의 복원을 위한 선택은 신중해야 한다. 가능한 인간의 성급한 욕망을 억제해야 한다. 만약 숲과 우리의 삶을 위해 올바른 선택을 원한다면 숲이 갖고 있는 생명의 길을 존중해야 한다.

김정곤 2024년 《산림문학》 수필 등단. 교육공무원 30여 년 근무, 북구 문화관광해설사와 낙동문화원 향토사 연구위원, (사)한국산림문학회 회원. 저서 『소요북구』 외

산화 酸化

 삭정이에 불씨가 옮겨붙자 시뻘건 혓바닥을 날름거리며 불길이 거세게 일렁인다. 타들어 가는 나뭇가지 위로 굵직한 나무토막이 얹히고, 그마저 순식간에 화마의 볼모가 돼 장렬히 산화한다. 불기둥은 더 거세게 아궁이 속으로 뜨거운 입김을 불어 넣는다.

 아궁이의 열기가 얼굴에 얼비치자, 뒤로 주춤 물러나 앉은 어머니는 한참을 불멍으로 아무런 말이 없다. 가마솥 뚜껑 사이로 하얀 김이 새어 나오고, 쓰러진 숯불 위에 또 하나의 장작을 보태자 잠시 열기가 잦아들었다. 그 틈을 이용해 어머니는 고단하고 버겁던 세상사의 짐을 벌건 숯불 위에 올려놓았다. 사그라들던 불씨가 활활 살아나더니 어머니의 볼에는 새빨갛게 홍조가 돌기 시작했다.

 부지깽이 하나 들고 아궁이 속을 들여다보며 어머니는 무슨 생각을 그리하셨을까? 찬장 하나 덜렁하니 놓여있는 부엌, 정갈한 부뚜막, 석유곤로가 집기의 전부로 살림살이라곤 알량하기 그지없었다. 바지런히 살아도 늘지 않는 터수에 희망이라곤 품 안의 자식뿐이니 참으로 기구한 팔자가 아닐 수 없다. 자식은 책임져야 할 골칫덩이라지 않던가.

 자칫 자리를 비웠다간 불씨가 부엌 한편에 쌓아둔 마른 솔잎에 옮겨붙기라도 하면 큰일이기에 어머니는 아궁이 앞을 좀처럼 떠나지 않았다. 하염없이 활활 타오르는 불만 지켜볼 뿐, 묵언 정진의 자세로 일관했다.

 30촉 백열등 빛은 검은 더께로 가득한 부엌의 허전한 공간을 밝히기에는 역부족이었다. 차라리 아궁이에서 삐져나온 열기로 가득한 장작의

김철희

불길이 더 뜨겁고 밝았다. 찬 바람 부는 산비탈을 누비며 삭정이와 나뭇가지를 꺾느라 뻐근해진 삭신을 달래기에는 뜨끈한 열기만 한 게 없다고 생각하셨을까. 배는 곯아도 추위를 견디는 게 곤욕이었던 어머니는 애옥살이 시절을 아궁이 앞에서 지친 몸을 추슬렀다.

배가 고팠는지, 막내가 안방에서 부엌으로 난 쪽문을 열고 밥 언제 먹느냐고 떼를 쓰다가 어머니 손에 쥐어져 있던 부지깽이에 머리를 된통 맞고 울음보를 터뜨렸다. '새끼 입에 먹이가 들어가는 게 어미 새의 기쁨'이란건 늘 그런 게 아닌가 보았다. "참고 기다릴 것이지, 그새 그걸 못 참고 밥타령이냐."며 진종일 초주검이 되도록 몸을 혹사한 어머니가 불 같은 성정을 버럭 냈다. 자식들이 당신의 전부였던 어미로서의 삶, 아직은 어린 자식들을 건사해야 할 여자로서의 삶이 불에 타들어 가는 지저깨비처럼 서서히 사그라들고 있었다. 조촐한 행복은커녕 아버지의 빈 자리가 너무나 크게 느껴졌다. 작가 장석주는 "자식의 생물학적, 도덕적 성장을 돕는 책무를 다해야 진짜 아버지"라 했지만, 울 아버지는 쉰 살이 되기 전에 병마를 이기지 못한 채 생의 역사에서 사라지셨다. 쓸쓸히.

홀어머니 품에서 학업을 이어가는 네 남매가 함께 생활했던 우리 가족은 늘 타다 남은 차가운 잿빛처럼 침울한 나날을 보냈다. 곤궁하게 살았지만, 누구 하나 반찬 투정하는 법이 없었다. 며칠이고 수제비만 먹은 일도 있다. 밀가루 반죽을 편편하게 뜯어 호박과 푸성귀를 넣고 끓인 수제비에 파와 고춧가루를 다져 만든 간장을 놔 먹으면 왜 그리도 맛나던지. 요즈음도 가끔 비라도 내리는 날이면 부러 해달라고 해서 먹곤 한다.

안방과 부엌이 연결된 쪽문은 생과 사의 문이기도 했다. 위암 수술을 받고 집으로 돌아와 별다른 치료도 못 받고 고통에 시달리던 아버지가 어느 날 밥상이 드나들던 쪽문을 열고 부엌 부뚜막에 물이 가득 담긴 플라

스틱 양동이를 놓고 거꾸로 머리를 처박으며 죽으려고 한 적이 있다. 마침, 일을 마치고 돌아온 어머니가 부엌문을 열고 들어와 기겁하고 양동이에 담긴 물을 쏟아버린 덕분에 아버지는 목숨을 부지할 수가 있었다.

놀란 가슴에 어머니는 의지하며 살아온 아버지의 등짝을 종주먹으로 마구 때렸다. 앙상하게 드러난 뼈밖에 없는 마른 체구에 한 서린 눈물이 한되박 쏟아져 내렸다. 산은 넘고 물은 건너며 사는 게 인생이라는데 물속에 머릴 처박고 있었으니 그 심정이 오죽했을까. 어머니는 양동이를 아궁이 속에 마구 쑤셔 넣으며 울부짖었다. "나는 어찌 살라고 이럽니까. 죽을 거면 같이 죽지 왜 혼자 죽으려고 해요." 삶은 극복하는 것이 아니라 그저 견디는 거라는 걸 항변하는 것 같았다. 나는 '불의 신'이 가진 힘을 빌려 어머니가 방금 뱉어낸 절규 서린 말들을 불에 죄다 태워버리고 싶었다. 막상 태울 수 없다는 사실에는 두고두고 마음 아파했다. 세월이 흐를 만큼 흘렀지만, 아직도 그날의 소동은 기억에 선명한 자국으로 남았다.

장작을 분구焚口 속으로 던졌다. 더 깊숙이 밀어 넣었다. 구들장이 밤새 식지 않고 오래도록 열기를 간직하기를 바랐다.

인류가 불을 처음 사용한 것은 호모 에렉투스로 살았던 142만 년 전으로 거슬러 올라간다. 불은 날 것을 익혀 먹게 했고, 추운 밤을 따뜻하게, 위험으로부터는 안전을 가져다주었다. 문명의 진화를 가져온 불의 역사는 어머니의 삶으로 이어져 숱한 애증의 역사를 일궈왔다.

혼자가 된다는 것, 애초에 어머니는 꿈에도 생각지 못했다. 갓 스무 살에 낯선 곳으로 시집와 숱하게 혼자 밤을 보낸 걸 여태 한스러워하셨다. 노름판에서 밤을 새운 아버지를 기다리다 쫄딱 밤을 지새웠던 날이 왜 그리 길고도 외로웠던지 오도가도 할 수 없는 벼랑 끝에 선 느낌이었다고 훗날 회고하셨다. 시댁의 작고도 차운 골방에서 혹독한 시집살이에 눈가가 짓무르도록 흐느꼈던 어머닌 따뜻한 방에서 곤히 깊은 잠에 드는 게 꿈이었다고 말씀하셨다. 큰어머니가 백순 하고도 서너 해를 더 살다 돌아가실 적에도 눈물 한 방 흘리지 않으셨던 분이다. 호된 시집살이를 시킨 시누이에 대한 원망이 앙금으로 남았던 거였다. 살다 보면 미움도 사라지더라고들 한다지만 왜 난 그게 안 되는지 모르겠다고 가슴 아파하셨다.

단독주택에 기름보일러를 들여놓고 사는 요즈음 시절에도 어머니는 겨울 한 철을 연탄으로 나신다. 영춘화가 얼었던 대지를 뚫고 올라오는 봄이 오면 단골 가게에 연락해 연탄 천 장을 들여놓는다. 미리 쟁여놓아야 석탄이 잘 마르고 화력이 좋다는 이유에서다. 물론 연료비가 석유보다 저렴하게 드는 것도 이유겠지만, 22공탄은 진종일 훈기를 방안에 돌게 해 어머니를 평안케 하는 고마운 연료이다.

가난만큼이나 추위를 몹시도 타는 어머니의 올해 연치는 여든일곱이다. 아궁이 속에서 벌겋게 타들어 가던 장작이 토막 불이 되기 직전쯤의 상태, 잉걸불로 사그라들다 한 줌 재로 사라지기까지는 남은 시간이 별로 없다. 마지막 불씨마저 꺼지고 나면 차운 잿빛만 남는다. 인생은 그런 거다.

성큼성큼 다가온 3월, 온 산과 들에 꽃이 만화방창할 즈음에 때아니게 내린 폭설로 세상이 눈으로 하얗게 뒤덮였다. 창문 너머 눈발이 나린다. 자작자작 나무가 타는 아궁이 속에서 피어오르는 연기 같다.

김철희 2019년 월간 《한국수필》 등단. 한국문인협회·국제펜한국본부·한국수필가협회·한국산문·리더스에세이·(사)한국산림문학회 회원, 에세이스트작가회의 경북지회장. 수필집 『흰눈과 돼지고기』. 경북작품상(2023) 수상

산불이 바꾼 숲의 새로운 명제

지난 3월 대형산불은 다시 한번 우리 사회에 산림재난의 심각성을 일깨웠다. 수천 헥타르(ha)의 산림이 불탔고, 주민들의 삶터가 위협받았으며, 사회적 비용은 눈덩이처럼 불어났다.

복구에는 수년이 걸릴 것이고 그동안 공동체는 회복되지 않을 상처를 안고 살아야 한다. 그렇기에 치열했던 산불 진화가 끝난 지금 산불은 단순한 '자연재해'가 아니라, 인위적 요인이 결합된 '사회재난'이라는 시선이 강해지며 더욱 구조적인 대응과 정책 전환이 절실히 요구되고 있다.

세계 유례없는 치산녹화의 성공으로 우리나라는 아름답고 울창한 숲이라는 자연 자원을 보유하게 됐다. 경관적 생태적 가치가 높아지고 탄소흡수원이 풍부해졌다는 이면엔 산불의 연료가 그만큼 풍부해졌다는 위험이 도사리고 있다.

지나치게 밀식된 숲은 나무 간 수관이 서로 맞닿고 지표에는 낙엽과 가지가 쌓인 산림은 작은 불씨도 산불로 번질 수 있는 조건을 갖추게 된다.

오랫동안 우리는 산림을 보존해야 할 자연으로, 이용해야 할 자원으로 이분화해 바라봤다. 인식의 차이 속에서 환경단체, 산림종사자 등 분야별 이해관계자들 간의 갈등도 있었다.

그나마 국립공원 등 보존 가치가 높은 산림은 그대로 두고, 임업에 필요한 산림은 가꾸자는 접근이 산림을 바라보는 현실적인 대안으로 됐다. 하지만 이제 그런 구분은 더 이상 유효하지 않게 되었다. '모든 산은

남성현

관리돼야 한다'는 새로운 산림패러다임 전환의 필요성이 높아졌기 때문이다.

시간과 장소를 가리지 않고 수시로 발생하는 산불을 막을 수 있도록 숲의 다양한 기능을 높이되, 내화수림대耐火樹林帶 조성 등으로 숲의 구조를 개편하고, 솎아베기를 통해 연료물질을 조절하며 임도 확충으로 진화의 접근성을 높이는 숲 관리가 더욱 간절해 졌다.

그렇기에 미국의 처방적 소각(prescribed burning)과 숲 간벌로 연료를 사전에 제거하는 적극적인 산림관리가 우리의 산불 대응에 시사하는 바가 크다.

우리나라와 같이 백두대간을 중심으로 산이 연결되어 있고 주요 도심 내에 산림이 분포하고 있는 경우, 위와 같은 인식 전환을 위해선 산림의 통합적 관리가 전제돼야 한다. 산불은 한번 발생하면 소유와 관리 주체와는 무관하게 비화하기에 현재 산림소유별 관리방법 차이로는 큰 재난을 막기 어렵다.

특히, '자연 그대로 둔다'는 원칙으로 산림 지역의 국립공원이 산불 관리에 필요한 연료 조절과 방화선 확보 등을 미루며 더 이상 산림관리의 사각 지대에 놓여있게 해선 안 된다.

필자가 경험했던, 국립공원 산불 진화의 어려움이 계속돼서는 안된다. 그렇기에 이제는 산림 관리의 주무부처인 산림청이 중심이 돼 모든 산을 통합 관리하는 체계를 구축해야 한다.

기후변화로 연중 산불 위협에 산림이 노출되면서 우리도 진화 대응 역량 강화와 함께 예방 중심의 산림재난 관리가 병행돼야 한다. 산불을 막는 것은 곧 숲을 가꾸는 일이며, 숲을 가꾸는 일은 국가가 책임져야 할 공공의 과제다.

방치된 자연이 재난의 불쏘시개가 되지 않도록 우리는 숲을 지키는 방식을 바꿔야 한다. 울창함을 자랑하기 전에, 건강한 숲의 조건이 무엇인지 다시 묻고, 숲을 지키는 방식부터 근본적으로 바꾸는 '탈脫 재난의 숲'을 만들어가야 할 것이다.

남성현 제34대 산림청장, 전 국립산림과학원장, 현)국민대 석좌교수, (사)한국산림문학회 회원

불에 탄 부모님의 소나무

3월 22일 재난문자가 핸드폰을 요란하게 한다. 텔레비전에서는 연신 뉴스속보가 보도되었다. 발화지점은 경북 의성군이었다. 곧 진화鎭火 되겠지 싶었는데 풍속과 기온이 높은데다가 사계절 중 가장 메마른 때라 산불은 꺼지기는커녕 더 크게 타올랐다. 불씨가 마치 도깨비불처럼 바람 따라 이리저리 날더니 심지어 수십 킬로미터까지 아예 점프를 하고 있다. 불씨가 떨어진 곳에는 마치 화산이 폭발하는 것처럼 이내 불이 무섭게 타올랐다. 도저히 손을 댈 수 없는 상황에 이르렀다. 안타깝게도 불씨는 능선을 타고 영덕과 안동으로 재빠르게 번져갔다.

뉴스를 보니 의성 고은사는 이미 산불로 전소 되었으며, 텔레비전 화면에는 시뻘건 불과 연기로 가득했다. 연실 물주머니를 나르는 헬기마저 지쳐 보였다. 고향이 안동이라 마음이 불안해지기 시작했다. 비록 결혼해서 경기도 파주에 살지만 형제와 친척들은 거의 안동에 사시기 때문이다. 오고가는 전화통이 마치 산불처럼 불이 났다. 형님은 연기 때문에 숨을 쉴 수가 없어서 다른 지역으로 피난가신다고 했고, 자원사업을 하시는 언니는 집과 사업장이 다 탈까봐 연기를 마시며 지붕과 나무에 연실 물을 뿌린다고 했다. 안동으로 가려해도 도로가 통제되어 그저 속절없이 애만 태울 뿐이었다.

하회마을은 내 고향이자 부모님의 묘소(수목장)가 있는 곳이다. 앞에는 의성군 신평 마을이 뒤에는 부용대가 보이는 조금은 높은 산에 계신다. 산을 좋아하시는 부모님의 유언에 따라 문중산에 수목장을 하였다.

류성신

15년 전 어머니가 먼저 자리를 잡으시고 3년 전에 아버지가 어머니 곁으로 가셨다. 이곳 수목장은 살아생전 아버지가 가꾸셨고, 돌아가신 어머님이 보고 싶으면 국화꽃 한아름 안아들고 아픈 다리 이끌며 오르시던 곳이었다. 급기야 부모님 산소에도 불씨가 날아들었다는 소식이 들려왔다. 아버지가 곱게 가꾼 아름드리 큰 소나무가 불에 탄다고 생각하니 가슴 한켠이 시리도록 아렸다.

아버지는 유난히 산을 좋아하셨다. 멀리도 아닌 집 가까운 산을 수시로 오르셨다. 기분이 좋아서도, 생각할 일이 있으서도, 배만 조금 나오셔도, 특히 약숫물 드시는 재미로 틈만 나면 오르셨다. 그래서인지 아버지는 살아생전 90세가 되도록 날씬하면서도 근육질의 몸매를 유지하셨다. 한번은 아버지 따라 산에 오른 적이 있었다. 한참을 올라가니 아버지는 코를 쿵쿵 거리며 살짝 옆으로 가시더니 영락없이 산더덕을 캐 주시곤 하셨다. 알싸한 향기는 정말이지 숲의 맛이었다. 아버지 덕에 산딸기, 곰, 심지어 아카시 꽃잎을 따 먹었던 아름다운 시간들이 오롯이 내 가슴에 있다.

또한 하회마을은 산으로 둘러싸여 있고 동네를 낙동강물이 휘돌아 간다하여 하회마을이다. 어릴 적 아버지 손잡고 하회마을 시제에 따라가서 제사음식도 얻어먹고, 초·중·고 때는 가문의 예법에 따라 1년에 두 번 청소년 종친회에 참여했었다. 충효당에 모여 가문의 내력과 호칭 내지는 지켜야할 예절 그리고 부용대 앞 만송정에서 별신굿을 배우던 일이 아직도 생생하다. 그때만 해도 딱딱하고 지루해서 가고 싶지 않았지만 감히 아버지의 말씀을 거역하지 못해 다녔었다. 하지만 이때 배운 모든 것들이 살아가면서 삶의 지표가 되었다. 그저 사소한 일에도 큰 칭찬으로 돌아왔고, 솔직히 지금은 가문의 덕을 톡톡히 보고 있는 셈이다.

그러기에 하회마을은 아버지와의 추억과 나의 삶의 지표가 바탕이 된 특별한 곳이기도 하다. 의성에서 난 산불이 2주가 지났음에도 여전히 사그라들지 않았다. 오히려 더 큰 몸집이 되어 시커먼 연기를 뿜으며 무섭게 능선을 타고 안동 하회마을 인근까지 왔다. 특히 세계문화유산이기도 한 하회마을은 소방대원과 관계자분들이 24시간 하회마을 여러 지붕이며 외벽에 물을 뿌렸다. 물 한 동이라도 나를 수 있게 도움이 됐으면 하는 간절한 마음뿐 그저 발만 동동 애만 탈 뿐이었다. 안동에 사는 언니는 연기와 탄내에 지쳐 겨우 하루하루 버틴다고 했다. 마치 전쟁터가 따로 없다며 수화기 너머 산불의 무서움을 절절히 말해준다.

근 한 달여 만에 불길이 잡혔다. 다행이 하회마을은 무사했다. 남편과 딸 그리고 언니와 함께 부모님 묘소로 갔다. 자동차로 지나가는 길에 온통 까맣게 탄 능선을 보니 마음이 저렸다. 검게 탄 나무들은 서러움에 그대로 하늘을 향해 꼿꼿이 서 있었다. 탄 면적이 너무 넓어 놀랐고, 군데군데 재만 남은 집들이 마치 폭격 맞은 전쟁터 같아서 무서웠다. 산림기술사로 일을 하는 남편도 100년의 피와 땀의 노력이 한 순간 무너졌다며 연신 한숨만 쉴 뿐이었다. 파란 하늘의 흰 구름만 아무 일 없었다는 듯 말없이 지나가고 있다.

부모님의 수목은 예상대로 산불이 지나갔다. 아름드리 큰 소나무였는데 푸른 솔잎은 검게 타 마치 멍게처럼 가시를 세우고 있었고, 수피도 군데군데 검게 탄 자국이 마치 포격이라도 맞은 것처럼 패여 있었다. 돌로 만든 이름표만 검게 그을린 채 덩그러니 나무에 매달려 있었다. 소나무 옆에 꽃을 좋아하는 어머니를 위해 아버지가 오래전에 심어 놓은 들국화도 새까맣게 탔다. 마치 부지깽이 꽂아 넣은 것처럼 어머니의 슬픈 온기가 느껴지는 것 같았다. 가슴 밑바닥에서 울음도 아닌 미안함이 울컥 올라왔다. 서둘러 준비해간 술과 포, 과일을 차려놓고 부모님을 위로해 드렸다.

검게 탄 소나무 옆에 앉아 능선을 바라보았다. 화마가 훑고 간 자리가 눈앞에 펼쳐졌다. 보고도 믿겨지지 않았다. 밑에서 본 것과는 차원이 달랐다. 산불은 능선을 타고 하염없이 달렸는지 산꼭대기만 검었다. 마치 하늘에 오르다 떨어진 검은 용의 축 늘어진 몸처럼 구불구불했다. 푸른 용이 되어 하늘로 올라가기까지 앞으로 족히 100년이 더 걸린다고 생각하니 가슴이 아리도록 시렸다.

작은 실수로 인해 잃은 것이 너무나 컸다. 소중한 생명과 많은 재산, 그동안 길이길이 지켜왔던 역사의 숨결과 앞으로의 꿈을 다 잃은 셈이다. 다시 일어서기까지 많은 시간과 노력이 필요하기에 안타까운 마음이 컸다. 다시는 이번과 같은 실수가 반복되지 않기를 그저 바랄뿐이다. 사람은 자연과 더불어 살아야만 행복할 수 있다. 아니 자연이 사람에게 주는 혜택이 더 크다. 사람을 긍정적으로 올바르게 이끌어 가는 것은 자연의 힘이라 생각한다. 그래서 사람들은 산에 오르면서 치유하고 결국엔 산으로 돌아가는 것이다. 산은 어머니이다. 그러기에 푸른 숲은 희망이고 생명이다.

류성신   한국여성시조문학회·오늘의시조시인회의·한국문인협회 회원. 시조집 『비를 굽다』. 제10회 전국가람시조백일장 장원, 여성시조문학상, 한국시조시인협회 신인상, 경기예술인 대상 외

불꽃과의 전쟁 외 1

박봉식

나라가 온통 산불로 불안에 떨고 있다. 전쟁도 이런 전쟁은 없을 것이다. 산청지역 산불은 며칠이 지났는데도 끄지 못하고 오히려 하동과 지리산 국립공원으로 확대되었단다. 의성 산불은 안동과 영양, 청송까지 번지고 바닷가 영덕까지 날아가서 순식간에 마을 하나를 삼켜 버렸다.

지방도로는 물론이고 고속도로에 이르기까지 차량 통행을 통제하고 있다. 정부에서는 전국 산불재난 국가 위기 경보를 심각 단계로 상향 조정했다. 비가 조금만 와도 진화에 큰 도움을 줄 터인데 온다던 비는 아쉽게도 몇 방울씩 떨어질 뿐 흡족하게 내릴 확률은 점점 낮아지는 것 같아 걱정된다. 국무총리가 현장에서 지금까지 경험해 보지 못한 큰 산불이라며 최선을 다하자는 애절한 호소를 하는 모습이 안쓰럽다. 지금부터는 불꽃과 전쟁을 해야 할 상황이 벌어지는 듯하다.

산청지역 산불은 엿새가 지났는데도 최초 발화지역에서는 아직도 진화가 진행 중이란다. 이해할 수 없는 일이다. 의성에서 발생한 산불은 안동을 거쳐 동쪽 끝까지인 영덕까지 육십km를 초속 이십km로 날아간 것으로 추정된다. 우리나라 산불 역사상 처음 있는 일이다.

산림청 중심의 진화 지침으로는 대형 산불을 못 막는다며 산불 관련 국가재난 관리를 산림청에만 맡겨서는 안 된다는 말도 나오기 시작한다. 산불 진화 대원들이 지쳐서 이곳저곳 가리지 않고 누워서 잠시라도 눈을 붙이는 모습들, 주민을 대피시키다가 차가 폭발해서 사망하는 등 사망자와 피해는 자꾸만 늘어난다. 대피하라면서 어디로 가야 할지도 모르게 대피만 하라는 안내. 모두가 산불에 홀려 제정신 차리지 못한 듯하다.

　영덕의 산불은 의성에서 불과 며칠 만에 안동과 청송을 지나 영덕 바닷가까지 갔다. 초속 이십km 넘는 바람을 타고 날아가서 생긴 불이다. 마을을 송두리째 태우고 주민 모두를 이재민으로 만들었으니 이런 일이 세상 어디에 있다는 말인가. 어떤 지역은 밤새 대부분 진화하고도 다음 날 다시 불이 살아났다고 한다. 진화율이 뒷걸음치는 게 아닌가. 참으로 답답한 일이다. 또, 진화가 끝난 지역에서 불이 다시 살아나 인근 지역으로 넘어가고 있다니 어찌해야 한단 말인가.

　불꽃은 바람과 함께 먼 길을 춤을 추며 이동한다. 딱, 탕! 하며 요란한 소리와 함께 화살이 날아가듯 사방으로 흩어져 간다. 의성에서 고운사를 불태운 산불은 안동에서 영덕까지 사흘 만에 뛰어넘었다니 무서운 일 아닌가. 바닷가 한 마을이 모두 불바다가 되고 주민들은 피할 길이 없어 배를 타고 바다로 피하는 일이 벌어지고.

　내 경험에 의하면 산불은 발화 초기 진압이 가장 중요하다. 한 지역에 일시적으로 많은 물을 투하하여야 한다. 주불을 목표로 진화 헬기를 배치하여 진화하고, 완료 후에는 신속하게 다른 지역으로 이동하는 작전이다. 일출과 동시에 헬기 모두가 일시에 움직여 물을 투하하는 것이 최고의 공격법이다. 이것은 포병부대가 일시에 적 집결지를 대포로 공격하는 TOT 사격법이다. 또한, 산불은 당일 오전 열 시까지 주불을 잡아야 한다. 최소한 낮 열두 시는 넘기지 않아야 그날 진화가 가능할 수 있다.

　오전에 산불이 진화되지 않으면 위험지역 관리로 전환해야 한다. 당일 진화 완료가 쉽지 않으니까. 진화를 완료하지 못할 경우는 중앙에서 공중진화대를 파견하여 지역 진화대와 재편성한다. 중앙대원 한 명과 지형을 아는 지방 대원 다섯 명 정도를 한 조로 묶어 야간 진화에 주력한다. 잔불 등 지상 진화는 지자체의 진화대가 책임지고 마무리해야 한다. 이때는 산죽 등 땅속에 있는 지중화를 캐내어 진화해야 한다. 이를 제대로 하지 아니하면 잔불 정리 소홀로 생긴 낙산사 산불의 불행을 자초할 수도 있으니까.

산불은 국민에게 주는 심리적 불안감이 대단히 크다. 아무리 생각해도 걱정이다. 혹여나 이번 산불을 내일까지 진화하지 못한다면 정말 큰일이다. 불꽃과의 전쟁에서 이기게 해 주기를 기원한다. 천지신명이시여 제발 우리나라를 산불에서 지켜주소서.

산불 잡는 용사

강릉 사기막 저수지 주변이 갑자기 요란하다. 한 대만 움직여도 주변이 시끄러운데 한꺼번에 열대가 넘는 헬기가 줄을 이어 오가니, 요란한 엔진 소리가 온 세상이 시끄럽게 메아리친다. 봄철 산불 기간을 맞이하여 산불 진화 훈련하는 모습이다. 목표지점인 가상 산불 발생지역에 각 기종마다의 장점을 발휘하며 물을 뿌려대는 모습이 장관이었다.

그날은 산불 잡는 S-64 초대형 헬기가 우리나라에서 처음으로 국민 앞에 선을 보이는 날이다. 산림청에서 보유하고 있는 헬기 벨-206, AS-350, KA-32T 등 중 대형 헬기가 차례로 나름의 기능시범을 보인다. 뒤를 이어 이번에는 새로 도입한 초대형 헬기 S-64의 시범을 볼 차례였다. 그렇게도 어려운 과정을 거쳐 간신히 도입하게 된 초대형 헬기의 위용을 보게 되었으니. 초대형 헬기 S-64가 탑재한 물 45드럼을 한꺼번에 목적지에 쏟아붓는데 마치 하늘에서 쏟아지는 폭포수 같았다. 그다음은 담아온 물을 이리저리 옮겨 다니며 물량을 조절하여서 뿌린다. 또, 호스로 물을 뿜어대는 물대포 시범까지 보여준다. 지금까지 보지 못한 산불 진화 방법이었다. 서울에서 대형 헬기 2대에 나누어 타고 온 기자들의 움직임이 바쁘다. 그날 밤 9시 뉴스에 처음 보는 초대형 헬기의 산불 진화 장면이 전국에 방송되었다.

휴가 중인데, 갑자기 휴가를 중단하고 출근하란다. 나를 포함해서 전문가인 헬기 조종사 한 명과 정비사 한 명, 이렇게 세 명이 한 팀이 되어 초대형 헬기 도입이라는 막중한 임무를 부여받았다. 미국으로 향하는 마음은 천근만근이었고 긴장감은 숨이 막힐 정도였으니. 우리는 사박 오일 짧은 기간 첫날 미국 서부 오레곤주 메드포드에 있는 제작사를 방문하여 생산 상황을 확인했다. 다음날은 시애틀에 있는 미국 연방 항공국을 방문하여 도입 예정 헬기에 대한 정보와 법적 문제를 검토하였고.

마지막 날은 LA 공항에서 우리 조종사와 정비사가 동일 기종 헬기에 직접 탑승하여 해당 기종의 성능과 기능을 확인했다. 그렇게 육중한 헬기가 상승 하강 급선회 등 기동성이 매우 우수하여 놀라움을 주었고, 물 탑재량은 우리가 보유하고 있는 대형 헬기의 세배나 되었다. 또, 물대포 등 물 뿌리기의 기법도 다양하여 진화 효율이 매우 높을 것으로 판단됐다.

짧은 일정상 대부분의 이동은 경비행기를 이용하였고, 시간 절약을 위하여 점심은 빵 조각과 콜라 한잔으로 때우면서 헬기의 정보를 알아내기에 모든 힘을 쏟아부었다. 결국 좀처럼 흘리지 않던 코피도 미국 땅에 흠뻑 흘리고 오게 되었으니까.

이천 년 봄의 동해안 산불은 우리나라 산불 발생 역사상 최대의 산불로 기록되었다. 당연히 후유증도 많았다. 산불이란 규모가 작아도 국민에게 주는 심리적 불안이 대단히 크다. 따라서 국정의 중심에서는 더 예민하게 받아들인다. 당시 동해안 산불은 7,140만 평(축구장 21,800개 크기)에 이르는 산과 750만m3 입목이 불과 며칠 사이에 한 줌의 잿더미가 되었다. 곳곳에 이재민이 속출하는 등 온 나라가 충격 속에 쌓여 있던 때였다.

이에 산림청에서는 대형 산불의 예방과 대처 방안에 대한 대책을 찾느라 여념이 없었다. 그리하여 예산 당국 및 국회 등 관련기관과 협의하여 고심 끝에 내린 결론은 대형 산불 진화를 위해서는 초대형 헬기와 첨단

산불 진화 장비의 확충이 시급하다고 판단하게 되었다.

이에 따라 산림청에서는 초대형 헬기 도입을 추진하게 되었고, 도입 헬기에 대한 기종 선정을 위하여 전문가로 위원회를 구성하였다. 학계는 물론 각계 전문가와 육 해 공군, 자체 헬기 운영 부서 등 전문가들로. 이렇게 구성한 위원회에서 세 차례의 심의를 거치면서 관계자료를 면밀하게 검토 분석한 결과, 초대형 헬기 S-64 외에도 3종이 더 있었다. 업계에서 응모한 네 기종 중에서 결정하기로 했다.

첫 번째 기종은 물바켓을 헬기에 매달고 진화하는 방법이라서 효율성과 안전성이 낮아 도입 대상에서 제외하였다. 두 번째 기종은 우리가 이미 도입하여 삼십여 대를 보유하고 운영 중인 기종이어서 배제하였고, 세 번째 기종은 물을 탑재한 후 수면에서 바로 이륙하는 수륙 양용 비행기로서 기동력은 타 기종보다 월등하게 우수하였다. 그러나 우리나라와 같이 급경사 산지와 계곡이 많은 지형에는 맞지 않는 기종으로 판단되어 배제하였다. 결국 미국 E 회사가 제작한 초대형 헬기 S-64 도입을 결정하였다. 이런 산고를 통해서 산불 잡는 용사를 만났으니, 더없이 특별한 인연이 아닌가.

산불 잡는 초대형 헬기 S-64를 도입하기까지 열 달은 마치 전쟁 하는 듯한 긴 세월이었다. 초대형 헬기가 김포 공항에 도착했다는 소식과 함께 이틀 만에 조립을 끝냈단다. 이어서 지금 강릉으로 비행 중이라는 보고다. 자리를 박차고 일어나 하늘을 보고 만세를 불렀다. "이것이 사람 사는 맛이구나." 나도 모르게 하늘 향해 외치고 말았다.

박봉식 2024년 《문학에스프리》 수필 등단, (사)한국수목보호협회 회장, 문학성내 회장, (사)한국산림문학회 회원

산불의 기억과 상상

악마는 불을 지르고 타오르는 세상을 구경하며 춤을 추는가.

그 소중한 생명체들은 한 줌 죽음의 재로 변하고 말면 그만인가.

세상에는 상상할 수 없이 악한 사람들이 있는데 의외로 선량한 사람 중에는 공작에 휘말려 자기도 모르게 악마의 편에 서거나, 악마의 간접적 협력자가 되므로 인하여 최종적으로 악마가 노리는 목적을 달성하게 도와주는 끔찍한 역사가 일어나기도 한다. 패자의 역사를 반추해보면 알 수 있다. 사후에 진실이 밝혀지고 억울한 사람들이 생겨도 이미 불타버린 역사는 되살아나지 않는다. 불은 대부분 사람이 일으킨다는 것을 부정할 수가 없다. 그러면 누가 일으켰는지 사실을 밝혀야 하는데도 용두사미로 중단해 버리면 그만이 된다. 방화든 실화든 결과는 똑같다. 범인을 끝까지 찾아내야 한다는 데 동의하지 않을 사람은 아무도 없을 것이다. 그러나 직접 내가 당한 불행이 아니니 상관하지 않아도 된다면서 외면하고, 방관하고, 잊어버리게 되면 간접적으로 악행을 부추기는 데 동참하는 결과가 됨을 알아야 한다. 용서할 수 없는 행위를 혼동하거나 엄하게 다스리기를 포기해 버리면 정의는 실종된다. 방화를 조장하는 사회적 분위기도 분석해 보는 것이 정의를 세우기 위해 필요한 일이다. 재난을 당한 주민들의 사정을 모두가 알아야 하고 정신적으로나 물질적으로 그분들을 위로해주고 복구될 때까지 도움을 드려야 한다. 불火과 정치는 유사한 면과 연관성이 있는 면이 많이 있다. 불은 필요하고 유익한 것이지만 잘못 붙으면 재앙이 되고 마는 것처럼 정치도 그러하다. 또

박헌오

직간접적으로 정치와 화재는 연관성이 있을 때도 있다. 치산치수治山治水 하듯 불을 다스리는 정치가 필요하다.

고전이지만 「로마 대화재」를 연상해 볼 수 있다. 로마는 64년 7월 6일간이나 불길이 번지고 나서 멈췄으며 그 이후에도 계속 화재가 일어났다. 화재로 수만 명이 죽고 수십만 명의 시민이 집을 잃었으며 로마의 주요 유적들이 불타 없어졌다. 그런데 네로 황제가 불을 지르라고 명령했다거나, 불을 끄는 것을 막았다거나, 불타는 로마를 바라보면서 술에 취해 악기를 연주하고 가무를 즐겼다는 등 자극적인 음해공작이 지속되었다. 그것은 바로 방화범들의 공작이었을 것으로 상상된다. 실제로 네로황제는 그날 로마에서 80km나 떨어진 해안 도시 안티움에 있다가 화재 소식을 듣고 바로 전차를 몰고 달려와 불을 끄고, 이재민들을 궁전의 별궁에까지 투숙시키며 주변 도시들로부터 보급품을 동원하여 조달하는 등 최선을 다했음은 물론, 재건축 계획도 착실히 수행한 것으로 알려졌다. 그러나 공작에 시달리던 네로는 결국 자살로 생을 끝내고 말았다. 패배한 황제는 최악의 비난을 받으면서 자기 변론의 기회를 상실하고 만다. 방화범은 의기 등등하였을 것이며 범죄의 실체를 조사하지 못하게 막는 세력이 있었을 것이다. 그리고 세월은 그 흑막을 덮어버리고 말았을 것이다.

진작 잊어버려야 할 것들은 많은 세월이 지나도 새록새록 기억을 되살려 즐기기를 서슴지 않고, 잊어버려서는 안 될 것들은 왜곡하고 감추고 무마하면서 기억을 매몰시키고서는 영영 침묵하기도 한다. 수많은 사람을 죽음으로 몰아넣고, 가족과 사회를 슬픔에 빠트리며, 생태계를 복원 불능 상태로 파괴한 산불 방화범을 누가 묻어주고 용서하고 편안하게 잊어주는가? 그 행위가 잘못되었다고 끝까지 캐묻는 사람들이 얼마나 있는가? 한 사람의 악마가 그 엄청난 재앙을 일으키고, 한 사람의 악마가 나라와 국토와 역사를 뒤엎어 놓아도 회복시키지는 못할망정 재발을 막으려는 노력조차 하려 들지 않는다는 것이 말이 되는가. 그리고 시간이 가면 모두가 잊어버리고 그냥 묻혀버리게 되는 경우를 우리는 얼마나 많이 보는가. 억울한 사람들은 억울하게 살든지 말든지-, 정 억울하면 스스로 죽으라는 것과 다르지 않다.

2025년 봄의 저 엄청난 산불을 어떻게 규명하여 인과응보因果應報의 정의를 실현할 것인가? 인공위성의 기록을 찾아서라도 끝까지 악마를 찾아 단죄해야 한다. 피해에 비례해서 중벌을 내리고 변상을 받는 것이 합당한 법 집행이 아니겠는가? 양심이나 상식에 어긋나는 법은 법이 아니며, 그런 판결은 판결이 아니다. 누구의 목숨은 황금값이고 누구의 목숨은 헐값으로 넘기거나 쓰레기처럼 망각의 처리장에 폐기해 버려도 된다는 말인가?

때때로 악마는 승자가 되고 선량한 정의의 수호자는 희생양이 되기도 한다. 그런 일이 있어서는 안 되지만- 있어도 할 수 없다고 한다면 개선장군은 누가 되는가? 그것은 전화위복이 아니고 간악한 둔갑자가 되고 마는 것이다.

한 사람을 살인한 사람이 사형을 당하는 것은 당연한 일이다. 그마저도 누가 사형을 집행할 자격이 있느냐의 문제에 봉착해 몇 사람을 살인한 연쇄 살인범도 사형시키지 못하고, 또 어떤 경우에는 증거를 철저히 인멸하여 재판조차 하지 못하기도 한다. 정작 그보다도 엄청난 살인범은 버젓이 영웅이 되어 웃는 얼굴로 화상畫像을 타고 안방을 들여다보기도 한다. 조폭의 두목이나 전쟁을 일으킨 권력자는 자기 손에 피를 묻히지 않고 목적만 달성하면 되는 것이라고 가르치기도 한다. 세상이 쉽게 잊어만 주면 아무 문제도 없다. 산불을 지르고 숨어버린 사람이나 수많은 목숨을 바다에 가라앉히고 어슬렁어슬렁 걸어 나온 선장도-, 그들을 열심히 변호해주던 변호사의 변론도 다 잊어버린다. 산불을 지르게 조장하는 사회적 구조가 어떻게 조성되는지 알 수 없다. 잊어버리는 국민이 그런 사악한 덩어리를 키워준다. 그 엄청난 살인자가 된 방화범이 양심선언 한번 하는 적이 있는가?

나는 산불에 대한 특별한 기억이 있다. 얼마쯤 세월을 거슬러 올라가면 대전의 등대같이 서 있는 식장산에 산불이 나서 5일간을 태운 적이 있다.

식장산 줄기를 타고 내려가 계현성 부근 옥천 쪽에서 피어오르기 시작한 산불이 대전을 삼킬 듯 달려들어 화염을 뒤집어쓴 악마의 전단이 되어 처들어 왔다. 나는 식장산 정상의 통신탑에 본부를 차리고 거기서 노숙하며 산불 진화에 매진하였다. 온종일 헬리콥터가 물을 퍼다가 부어 댔다. 헤쳐보면 무릎까지 닿는 낙엽층 때문에 불은 쉽게 꺼지지 않았다. 3일 동안 물을 퍼붓고 나서야 큰불이 잡혔다. 그러나 이게 웬일인가. 산정에서 내려다 보니 갈 수 없는 먼 거리의 산자락에서 반딧불처럼 반짝반짝 깜빡이던 불티가 퐁퐁퐁 일어나더니 다시 불길이 번져 밤새도록 산을 태워대는 것이었다. 낙엽 속에 묻혀있던 솔방울 하나가 불땀을 일으켜 바람을 타고 피어오르는 것이었다. 달려가지 못하는 내 몸도 타올랐다. 가까이 있다면 그 불 속에 뛰어들었을 것이다. 이튿날 불길을 잡았지만, 그날 밤도 마찬가지였다. 작심하고 지원요청이 가능한 모든 인력의 동원을 요청하여 온 산을 어깨를 걸고 밟아댔다. 그리고 공무원들에게 담요를 나눠주고 조를 편성하여 계곡마다 하룻밤을 지키게 하였다. 그렇게 하고서야 밤사이 산불이 일어나지 않았다. 그리고 감사하게도 닷새째 되는 날 비가 내렸다. 물오리처럼 반가운 비를 맞고 쪼르르 산에서 내려왔다.

그 뒤로 나는 산불을 처절하게 알고 실감한다. 어디서 산불이 났다는 소리만 들어도 달려가고 싶은 마음이 솟구친다. 산불이 창궐하는 계절이 되면 산모퉁이에 사람들이 모여있어도 산불처럼 보인다. 깃발을 흔들어도 산불처럼 보인다. 산불은 사정을 두지 않는다. 무슨 혼란이 일어나면 산불이 연상되고 누가 방화범인지를 연상하게 된다. 여전히 방화범은 잡히지 않고 사람들은 그냥 잊어버리고 마는 것이 상례이다. 그때 써두었던 시조 한 편을 적으면서 산불로 인하여 돌아가신 분들의 영령들의 영원한 안식을 빌며, 집을 잃고 재산을 잃고 정신적으로 견딜 수 없는 불안과 절망에 처한 분들에게 위로의 말씀을 드리고자 하며, 어려움에 부닥친 분들을 함께 보살펴주고 성심성의껏 도움을 주시는 분들에게 존경과 감사를 드리고 싶다.

박헌오 1987년 《시조문학》 등단. 대전문학관 초대 관장, (사)한국시조협회 제5대 이사장 역임, (사)한국문인협회 이사. 시집 『국수』 『뼛속으로 내리는 눈』 외, 한국시조문학 대상 외

노봉마을 뒷산에 난 불

　2009년 4월 7일 오후 3시 사매면 서도리 노봉마을 뒷산에 불이 났다. 서도리 노봉마을은 고래 등같이 덩실한 기와지붕의 혼불문학관이 있다. 고 최명희 작가가 1980년부터 17년 동안 '손가락으로 바위를 뚫어 글씨를 새기는 것만 같은 생각이 든다.'라는 심정으로 쓴 대하소설 『혼불』의 배경지며, 작가가 태어난 마을이다.

　노봉마을 뒷산에는 고려시대 작품으로 마애여래좌상(문화재자료 제146호)이 4.5m의 큰 바위에 새겨져 있고, 고려 초 도선국사가 터를 잡아 지었다는 호성암 절터가 있다. 호성암은 옛날 도승이 이곳을 지날 때 도승 앞에 꿇어 엎드린 호랑이의 목에 걸린 짐승 뼈를 빼주고, 호랑이가 도승에게 베푼 은혜 인연에 절 이름을 호성암으로 지었다는 전설이 있다.

　노봉마을 뒷산에 난 불은 내가 본 산불 중에 제일 생생하게 기억되는 산불이다. 그해 4월 남원시에 크고 작은 산불이 10여 건이 넘게 났고, 3일 이상 불탔던 산불은 4건이었다. 지금까지 그렇게 많이 났던 때는 없었다.

　대개 산불은 마을 주변이나 농경지에 연접된 산록 또는 등산로에서 실화로 발생하는 경우가 많은데 노봉마을 뒷산 산불은 노적봉 능선 서북쪽 임실군 삼계면 산수리에서 발화되어 봄바람을 타고 임실군과 남원시 경계 산등선을 넘어왔다. 산불은 산등성이에서 험준한 산골짝을 넘나들며 가파른 절벽도 거침이 없이 빨간 깃발을 펄럭이듯, 성난 불길은 순식간에 노봉마을로 향해 내려왔다.

서기홍

평화롭고 고요한 이른 봄날, 울창한 숲속은 아수라장이 되었다. 노루와 멧돼지가 놀라 도망가고 산까치 꾀꼬리가 한가롭게 노래하다 혼비백산 창공으로 날아갔다. 시간이 지날수록 산불은 사나운 기세로 멀쩡하게 서 있던 아름드리 소나무와 산벚나무도 순식간에 삼키고, 노랗게 꽃이 핀 생강나무와 히어리꽃 나무도, 분홍색으로 곱게 핀 진달래꽃도 무참하게 불태웠다. 땅 위의 모든 미생물이 불에 타 죽는 처참한 광경은 생각만 해도 끔찍했다.

산림청 헬기 4대, 진화차 6대, 공무원과 주민이 동원되어 진화 작업을 펼쳤으나 경사가 심하고 울창한 숲의 불길은 엄청나게 강해서 생각보다 어려웠다. 진화 차에서 길게 늘인 호수의 물줄기는 거센 화력을 잠재우기에 역부족이고 남원 요천 물을 담아온 헬기의 물주머니가 쏟아붓는 물로는 턱없이 부족해 진화는 어렵기만 했다. 이럴 때, 임도가 있었으면 조기에 끌 수 있었을 것으로 생각하며 아쉽기만 했다. 해가 서산을 넘을 때는 하루해가 좀 더 길었으면 하는 아쉬움이 남지만, 헬기 진화가 중단되고 인력으로 밑불 작업을 해야 했다. 밤새고 아침이 되면 푸른 산은 흰 연기 속에 검붉은 불이 더 세게 탔었다.

연일 불은 꺼지지 않고 마애여래좌상 앞 옛 절터에 대나무와 산죽이 불에 탈 때는 사격장 총소리 같았다, 그 소리는 뜨거운 불길에 죽어가는 생명들의 마지막 절규가 마음속으로 파고들었다. 수많은 생명이 인간의 부주의로 한순간에 사라지는 처참한 광경이다. 산불은 연일 밤낮을 멈추지 않고 산 아래로 크게 번지고 있었다.

가파른 산을 오르내리며 불을 끄기 위해 땀으로 범벅이 되고, 헬기에서 내린 세찬 물줄기를 맞은 진화대원의 물에 젖은 행색이며 잔불 정리하는 진화대의 거친 숨소리가 귓전을 맴돈다. 마애여래좌상 바위 앞에 흐르는 코피를 막고 누워있던 나이 어린 공무원의 창백한 모습, 지금도 눈감으면 아른거리는 그날의 마음 아픈 잔상이 생생하다.

그때, 눈만 뜨면 연일 잿빛 하늘 아래 매캐한 불 냄새가 가득했고, 헬리콥터 소리가 들리면 가슴이 울렁거리고 공포가 느껴졌다. 산불은 혼불문학관에서 2km 지점인 사매면 서도리 산23-1번지 내 집채만큼 큰 바위에 조각된 마애여래좌상 머리 위에 50여 년 된 소나무와 불상 앞 호성암 절터까지 태우고 진화됐다. 도선국사가 절터를 잡은 영험이 통했는지 모르겠다. 조금만 더 아래로 내려왔다면 혼불문학관과 노봉마을도 화마에 큰 피해를 볼뻔했다. 이렇게 봄을 맞은 노봉마을의 푸른 뒷산은 화마의 상처가 큰 무늬로 흔적을 남겼다.

그해 가을 산불 진화 작업에 몸과 마음이 지칠 대로 지친 산불 주무 부서 직원들은 궁리 끝에 한국의 영험한 명산 중, 남해 금산의 정상 봉화대에서 고사를 지냈다. 돼지머리와 제물을 챙겨 메고 기암괴석으로 가파른 절벽 길을 올라 정성껏 차린 제물을 놓고 제문을 읽으며 산신께 빌었다. 산불이 나지 않도록 절하며 빌었던 그 광경이 가끔 눈에 선했다. 그 후로 이상스럽게도 큰 산불은 없었다.

산불은 인간의 조그만 부주의가 저지른 과실이다. 담뱃불, 농업부산물 소각, 조상 묘소 참배 시 불을 피우는 일이며 산과 들에서 불을 피우는 일을 절대로 하지 말아야겠다. 우리는 산불로 인한 재산 손실과 인명 피해를 사전 예방하고 동식물이 공존하는 울창하고 아름다운 숲으로 가꾸어야 한다.

서기홍 2022년 《산림문학》 수필 등단, (사)한국산림문학회 회원, (사)한국사진작가협회 보도사진 분과위원. 실버넷뉴스 사진기자

숲사랑도 애국이다

 지난 3월, 경상도 지역의 산불은 피해가 막대하다. 인명 피해가 사망 27명, 부상 40여 명, 가옥 소실 3,600여 채, 국가 유산 소실 3건, 이재민 1800여 명이 발생하였다고 한다. 조사에 보고되지 않은 것까지 있을 것이기에 피해 규모는 이보다 더 클 것이라 본다. 봄이 오는 길목에 화마가 쓸고 간 산야는 재만 날리고 집집마다 밥 짓는 냄새도 간 곳이 없다. 집 지키던 개는 목에 줄이 묶여 새끼를 낳고도 대피를 하지 못해 어린 새끼를 지키느라 불에 그슬려 피골이 상접하고 염소와 닭들은 뼈만 앙상하게 남고 숯가루가 되었다. 한 노부부는 수 십 년을 지켜온 집을 버리지 못하고 끝까지 지키려다 불길에 휩싸여 피할 겨를도 없이 변을 당했다.
 푸르른 숲이 불길에 휩싸였다. 한때 바람에 흔들리며 속삭이던 나무들이 이제는 검은 재로 변해 버렸다. 산불이 휩쓸고 간 자리에 남은 것은 인명 피해와 재산 피해뿐만 아니라, 숲과 나무들이 남긴 검은 잿더미뿐이다.
 숲은 단순한 나무들의 집합체가 아니다. 그것은 생명의 근원이며, 지구의 허파 역할을 한다. 나무 한 그루 한 그루마다 우리의 생명에 가장 필요한 공기를 정화하고, 생태계를 살리며, 인간에게 건강과 자원을 제공하기도 한다. 그런 숲이 봄철 산불로 인해 며칠 만에 잿더미로 변해 버렸다.
 나무들이 불길에 타오르며 내뿜은 연기는 하늘을 두텁게 덮을 정도였고, 길도 막아 앞을 볼 수가 없었다. 연신 물을 퍼 나르는 헬리콥터의 요란한 소리는 화선火線을 따라 물줄기가 산 능선에 뿜어 내린다.

　이를 속수무책 바라볼 수 밖에 없었던 국민들은 안타까운 한숨 소리만 높아가고 숲이 겪는 비극 앞에 말을 잃고 말았다. 산골과 바닷가 마을 주택에까지 도깨비불이 바람을 따라 이리저리 날아 다녀 화마가 온동네를 쑥대밭으로 만들다보니 인명 피해 역시 늘어날 수밖에 없었다.

　산불의 원인은 여러 가지가 있겠지만, 가장 안타까운 것은 인간의 부주의로 인한 것이다. 이것이 산불 원인의 가장 큰 몫을 차지한다. 무심코 버려진 작은 불씨가 거대한 화마로 변하는 것은 순식간의 일이다. 더 걱정스러운 것은 이런 문제를 늘 지적하고 캠페인을 통해 알리고 있지만 해마다 반복되고 있다는 점이다. '작은 실수'라고 말기엔 돌이킬 수 없는 큰 결과에 안타까움이 크다.

　누구나 자연을 존중하고 보호해야 할 책임이 있다. 숲을 만드는 사람이 따로 있고, 숲을 지키는 사람이 따로 있는 것이 아니라 함께 만들어 함께 지키며 남겨줘야 할 유산이다. 숲은 사람들에게 유익함을 많이 주었지만, 우리는 그에 대한 보답을 하지 못하고 있다.

　산림 보호는 단순히 나무를 심고 가꾸는 것을 넘어, 숲의 생태계를 연구하고 보존하는 일이다. 이렇게 가꿔진 산림이 건강해야 현대를 살아가는 우리뿐 아니라 후손에게 아름답고 건강한 미래를 줄 수 있다. 따라서 이제는 작은 실수를 그냥 가볍게 여겨서는 안되며, 숲의 소중함을 깨닫고, 그 가치를 지키기 위해 노력해야 한다.

　산불이 휩쓸고 간 자리에 다시 푸르름이 자라나기까지는 오랜 시간이 걸릴 것이다. 그러나 숲은 다시 일어설 수 있다. 그렇다고 저절로 이뤄지기만을 기다려서는 안된다. 먼 미래를 바라보고 더 건강하고 아름다운 숲이 되도록 보호하고 가꾸는 노력에 국민들이 마음을 모아야 한다. 그런 작은 노력이 모여 큰 변화를 이끌어낼 수 있기 때문이다.

이번 산불로 인해 우리는 많은 것을 잃었지만, 동시에 많은 것을 배웠다. 숲의 소중함, 그리고 우리의 책임이다. 이제는 그 교훈을 가슴에 새기고, 다시는 같은 실수를 반복하지 않도록 해야 한다. 숲은 우리의 미래다. 그 미래를 지키기 위해 우리는 함께 행동해야 한다.

반복되는 말이지만 다시는 이와 같은 큰 산불은 없어야 한다. 그리고 후회하지 않아야 한다. 산림, 숲을 태워버리고 인명과 재산을 잃고, 재앙의 눈물을 흘리는 일은 없어야 한다.

나무 사이 풀 사이 바람과 함께, 숲길을 걷다 보면 숨 가쁜 산소가 부지런히 내 허파를 산책한다. 숲은 인간에게 한없는 선물을 선사하고 있다. 나는 '숲 사랑도 바로 애국이다'라고 강조한다.

손병기 월간《문학공간》시 ·《수원문학》수필 등단. (사)대한노인회 군포시지회 부설 수봉노인대학 학장

돌아온 '대추'

"불이야"란 소리에 놀라 한길로 뛰어나갔다. 마을 사람들이 농기구와 물동이를 들고 불이 난 집으로 뛰어간다. 그러나 10분이 지나지 않아 집은 흙벽돌만 남고 타버렸다. 지붕을 볏짚으로 이은 초가집이라 불길을 잡기 어려웠다. 불을 끄러 왔던 이웃은 하나둘 집으로 돌아갔다. 망연자실한 집주인과 가족들은 그 자리에 주저앉았다. 나는 불탄 집 앞에 멍하니 서 있었다. 이제 이들은 어떻게 될 것인가?

며칠이 지났다. 이웃집에 기거하던 불난 집 가족이 보이지 않았다. 그들이 우리 동네를 떠났다. 그 가족을 다시는 보지 못할 것 같았다. 그때 내 나이 10살이었다. 아직 이별이 무엇인지 알지 못하던 아이였다. 불이 무서운 것이란 관념이 뇌리에 박히는 계기가 됐다.

불에 대한 그리운 추억도 있다. 윗바람 심한 할머니 방에 화로가 있었다. 이불을 뒤집어씌우고 화로에 둘러앉으면 열기에 얼굴이 달아올랐다. 화롯불에는 고구마와 밤이 익고 있었다. 우리는 조용히 할머니의 손길을 기다렸다. 숯불에 구운 고구마와 밤의 맛은 일품이었다. 화롯불의 포근함이 지금도 눈에 선하다.

며칠 동안 지속한 산불로 여러 지역의 산림이 훼손됐다. 정부는 국민에게 산불을 피해 안전한 곳으로 이동하라 권고했다. 사망자가 발생했다는 소식을 들을 때마다 안타까웠다. 소방관이 순직했다는 소식을 듣고 그분들의 숭고한 희생정신에 고개가 숙어졌다. 그렇게 온 국민을 애태우던 산불이 진화됐다. 감사하지만, 아직 아픔이 온전히 치유된 것은

신인철

아니다. 집과 재산을 잃은 이재민들의 고달픈 삶이 이어지고 있어서이다.

산불 피해 기사 가운데 안타까운 사연이 있었다. 거친 불길에서 살아 돌아온 개에 관한 이야기다. 의성에서 발화된 산불이 안동 쪽으로 번져갔다. 한 집에 산불이 다가오자, 할아버지는 기르던 개 '대추'를 풀어주었다. 그는 '대추'가 산불을 피해 멀리 도망가길 바랐다.

쇠사슬에 묶였던 '대추'가 집을 나간 지 얼마 후 화마가 할아버지 집을 삼켰다. 할아버지가 평생 살던 집은 앙상한 형체만 남았다. 불에 타 새카맣게 그을린 살림 도구를 바라보던 할아버지는 망연자실했다. 그때 멀리 달아난 줄 알았던 '대추'가 꼬리와 엉덩이에 벌겋게 화상을 입은 채 돌아왔다. 목마름과 굶주림에 시달린 것 같았다. 신문 기사로 읽었지만, 그것이 어떤 상황이었는지 상상이 됐다.

집으로 돌아온 '대추'는 할아버지를 따라다니며 끙끙거렸다. 할아버지와 '대추'의 관계는 산불로 집이 전소되기 전과 다르지 않았다. '대추'를 아끼는 할아버지 마음은 여전하다. 할아버지를 따르던 '대추'의 충성심도 그대로다. 그러나 꼬리를 흔들던 '대추'의 모습은 할아버지 집 마당에서 곧 사라질 것이다. 살림 도구를 잃은 할아버지는 '대추'를 돌볼 여력이 없어서였다.

힘든 이별이 그들을 기다리고 있다. 할아버지는 '대추'를 돌봐줄 곳을 수소문하다가 동물구조단체와 연결됐다. 이별을 앞두고, 할아버지는 "안돼 대추야. 여기 있으면 죽어, 가거라"라고 달랬지만, '대추'는 할아버지 곁을 떠나려 하지 않았다. 할아버지는 "대추"의 안전이 우선이었다. 볼에 흐르는 눈물을 훔치며, 할아버지가 '대추야' 잘 가라며 손을 저었다. '대추'는 소리 내 울지 못했다. 그저 "끙끙" 앓는 소리만 내다가 집을 떠났다. '대추'와 정들었던 오랜 추억이 사라진 것 같았다. 할아버지 마음에 슬픈 비가 추적거렸다. '대추'는 안전한 곳으로 갔다. 할아버지는 '대추'가 평안하게 지낼 수 있다는 것에 위안을 얻었을 것이다.

서재 창문으로 내다본 하늘이 흐려졌다. 맑은 하늘을 먹구름이 가렸다. 천지 창조 때처럼 공허하다. 무슨 일이 일어날 것 같은 날씨로 바뀌었다. 그렇게 기다리던 봄비가 보슬보슬 내린다. 대지를 흠뻑 적셔줄 비를 피해 산불이 도망갔다.

우리를 애태웠던 산불이 꺼졌다. 경상도 북부 지역을 화마가 할퀴고 지나간 지 두 주가 지났다. 이재민 지원과 재해 복구가 이뤄지고 있다. 체육관에는 이재민 임시 숙소가 마련됐다. 이재민들의 보금자리를 새로 마련하려면 오랜 시간이 소요될 것이다. 다행히 후원금이 많이 모였다니 고마운 일이다. 삶을 이어가려는 이재민에게 위로가 되길 바란다.

같은 불이지만, 산불은 나를 슬프게 했다. 하지만, 어린 시절 나의 마음을 따뜻하게 어루만져 준 화롯불이 기억난다. 세상이 사랑의 불로 활활 피어나길 기대한다. 이재민이 행복한 미소를 짓는 그 날이 빨리 오길 기도한다. 국민의 온정으로 '대추'도 산불 트라우마를 떨쳐 버렸으면 좋겠다. 다른 사람들처럼 나도 지갑을 열 것이다. 온정의 화롯불을 피우려는 한 줌 숯이 되려고!

신인철 2024년 《대전문학》 수필 등단, 문경문학관 자문위원, 한국침례신학대학교 교수, (사)한국산림문학회 회원. 저서 『요한복음 맥 잡기』 외

산불 전우애

1995년 8월 포항시 남구의 면사무소에서 공무원 생활을 시작하였다. 처음 맡은 업무가 산불담당이었다. 아무도 맡지 않으려고 해서 초임에게 떨어진 업무다. 행정직이라 산불과 관련한 교육을 사전에 전혀 받지 못했다. 산불의 크기에 따라 면장불, 군수불, 도지사불 등으로 구분하는데 이는 어느 수준까지 보고하느냐의 기준에 따른 분류라는 것만 배운 기억이 난다.

신재일

9월에 처음으로 산불이 났다. 발령난지 보름 밖에 안된 때였다. 부면장에게 불려가서 내가 불을 지르기라도 한 것처럼 야단을 맞았다. 산불이 났으니 담당자에게 책임은 있는 것 같기는 한데 어떻게 해야 하는지도 모르는 나를 몰아치는 것은 좀 심하다는 생각이 들었다. 물론 부면장은 이 기회에 초임자의 군기를 잡으려는 의도였다. 이 때문에 나는 면사무소를 떠날 때까지 부면장 앞에만 서면 고양이 앞의 쥐 신세였다.

이후에도 황당한 일들을 많이 겪었다. 한번은 산불이 나서 헬기로 불을 껐다. 그런데 헬기를 운항하는데 들어간 유류대를 지원하는 서류를 만드는 것이 너무 어려웠다. 지금이라면 큰 문제가 아니지만 당시 초보 면서기가 만들 수 있는 수준이 아니었다. 가르쳐 주는 사람도 없는 가운데 우여곡절 끝에 서류를 만들었다. 공무원은 실체적인 내용 보다 서류 작업이 더 어렵다는 사실을 실감하였다. 산불담당자는 작은 불이 나면 현장에 가지만 큰불이 나면 보고서를 만들기 위해 사무실에 남아 있어야 하는 아이러니도 알 수 있었다.

산불담당자로는 있었던 기간은 6개월 정도였다. 다행히 내가 담당할 동안에는 산불이 많이 나지는 않았다. 그러나 이후 다른 업무를 맡았을 때부터 산불이 많이 났다. 이때는 무조건 현장에 투입되었다.

해마다 2월에서 4월까지 산불 조심기간이다. 이때는 주말이 아예 없었다. 불이 나지 않을 때는 담당구역 순찰을 돌면서 불법소각 감시를 했다. 한번은 산림 인근에서 쓰레기를 소각하는 시골 할머니를 발견하고는 겁을 주면서 야단을 쳤는데 할머니가 눈물을 흘리면서 잘못했다고 빌 때까지 호통을 쳤다. 같이 간 동료가 있다 보니 그냥 봐 줄 수는 없는 노릇이었다.

또 한 번은 본청의 감사를 받는 도중 산불이 났다. 감사받다가 모두 뛰쳐나가서 불을 껐다. 내심 불이 조금 오래가길 바랬는데 30분만에 꺼졌다. 사무실로 복귀하여 다시 감사를 받아야 했다

산불은 5월이 되어야만 수그러든다. 산에 푸른 풀이 돋아나고 나무에 물이 올라서 불이 잘 번지지 않기 때문이다. '산풀'이 나야 '산불'이 줄어든다는 이야기다. 당시 행사의 인사말씀에 자주 쓰이는 '신록의 푸르름이 나날이 더해가는'이라는 상투적인 표현에 이런 의미가 있다는 사실을 나중에 알게 되었다.

도청에 전입하고 부터는 직접 산불을 다룰 일은 없었다. 주말에 시군에 출장가서 산불계도를 하곤 했지만 이마저도 최근 사라졌다. 큰 불이 났을 때 언론보도를 통해 관심을 갖기도 했지만 작은 불이 났다는 소식은 그냥 흘려들었다. 그러나 산불 때문에 고생하는 면사무소 동료에 대한 미안함은 남아 있었다. 나 혼자 산불의 책임에서 벗어나 있다는 안타까움이다.

도청전입 직후에 포항시에 남아있던 고교동창생인 동료가 구청의 산

불진화 기동타격대장에 임명되었다는 소식을 들었다. 이 소식에 무슨 전쟁을 하냐면서 웃은 기억이 난다. 그러나 산불은 전쟁이 아니라 더한 것이라도 해서 막아야 한다.

사실 산불이 나면 읍면직원들은 거의 전쟁이나 마찬가지다. 읍면사무소의 모든 업무는 마비된다. 산불의 최일선의 방어자는 읍면사무소 직원들이기 때문이다.

산불은 초동진화를 잘못하여 커지게 되면 걷잡을 수 없다. 바람이라도 심하게 불면 금방 커진다. 큰 불이 나면 한 개 면사무소의 인력만으로는 대처가 불가능하다. 이때는 실제 전쟁처럼 제공권이 중요하다. 헬기가 와서 꺼주어야 한다. 그러나 최종 마무리는 보병처럼 읍면 직원들이 투입되어 잔불정리로 마치게 된다.

산불예방 때문에 읍면사무소 직원들은 사생활을 희생당하는 경우가 많다. 직원들은 군인들이 위수지역을 지키는 것처럼 쉴 때도 멀리 가지 못했다. 산불이 나면 비상소집되어 불을 꺼야 하기 때문이다. 군인들이 언제 어디에서 출몰할지 모르는 간첩을 막으러 24시간 철책선 방어를 하는 것과 비슷하다. 그러나 한편으로는 수십대 일의 경쟁을 뚫고 공무원이 된 고급인력을 이렇게 불끄는데 투입해야 하는가 논란도 있다. 시골에는 불을 끌 인력도 없고 민간인을 동원하는 것이 문제가 있기 때문에 불가피한 현실이다.

이렇게 고생을 하는 직원들간 우정이 있다. 전쟁을 하는 군인의 전우애와 같다. 산불현장에 투입되면 상당한 위험이 따른다. 다치거나 죽는 직원이 있으면 내가 당한 것 같은 안타까움이 따르게 된다. 당시 본청의 직원들이 읍면직원을 우습게 보고 얕보다가 불이 났을 때 일사불란하게 대응하여 진화하는 장면을 보고 오히려 미안해하였다는 이야기도 있다.

지금은 그 당시와 비교하여 보니 산불의 빈도는 줄어들었다. 그러나 산불의 규모는 커졌다. 당시에 비해 숲이 많이 우거졌지만 시골에 불을 끌 사람은 줄어들었기 때문이다. 대신 산불 소식은 빨리 퍼진다. 인터넷과 SNS가 발달하여 공식보고 보다 더 빨리 더 많은 사람에게 소식이 퍼지기 때문이다. 당시처럼 면장이 지휘하여 불을 끄고는 상부에 보고도 하지 않고 넘어가는 행위는 불가능하다. 즉 면장불이나 군수불은 의미가 없어진 것이다.

공직을 그만두게 되면서 면장이 되어보지 못하고 퇴임하는 것이 아쉽다. 면장급인 사무관이 되었을 때 중앙부처에 파견나갔기 때문이다. 면장이 되면 당시 고생한 직원들을 만나 위로도 해주고 경험담도 나누고 싶은 마음이 있었는데 무산되었다.

지금은 아예 도청과 시군간 교류 자체가 없어졌기에 도청직원들이 면장이 될 방법도 없다. 당시 고생한 동료들도 대부분 퇴직하였다. 후배들도 대부분 고위직이 되어 면사무소를 떠나 본청에 근무하는 것 같다.

산불뉴스를 들으며 당시 고생을 같이한 동료들의 전우애가 새삼 떠오른다. 동료는 아니지만 산불 진화용 헬기를 조종하다 순직한 조종사의 뉴스도 있다. 그도 우리와 똑같은 산불의 희생자라는 생각이 들어 명복을 빈다.

신재일 2021년 《산림문학》 수필 등단. 경상북도 보건환경연구원 총무과장 역임, (사)한국산림문학회 회원

식목일에 돌아보는 산불위험

4월 5일은 식목일 '나무를 심는 날' 1949년부터 이날은 나무 심기와 나무 사랑을 실천하고, 산지의 자원화를 위하여 제정된 날이며 식목일 전후 한 달 동안 국민 식수 기간으로 설정하여 산지와 나무의 중요성을 인식하는 의미 있는 날이다. 식목일은 우리나라 외에도 중국, 일본, 미국, 독일 등에서도 지키고 있다. 중국은 3월 12일이 식목절, 일본은 식수제를 운영하고 독일도 나무의 날을 기념하고 미국도 4월 마지막 금요일을 식목일로 기념하며 나무를 소중히 한다.

나무를 심게 되면 이산화탄소를 흡수하고 산소를 내뿜어 대기질 개선 효과가 있고 산 사태와 가뭄 방지, 산림휴양, 생태계 복원, 온실가스 흡수, 열섬 완화 등 간접적이고 공익적 효과도 크다.

울창한 나무는 맑은 공기와 물, 홍수와 가뭄을 막고, 봄철마다 찾아오는 황사에도 대응하고 특히 지구온난화를 방지한다. 하지만 올 3월, 산불로 안타깝게 26명이 사망하고 6만 헥타르 산림과 수천 가구 전소 등 피해가 어느 때보다 참혹했다. 매서운 화마에서 목숨을 건진 이재민은 몸서리 치고 있다. 소중한 나무가 잿더미가 되고 한마을이 송두리째 사라져 원상회복에는 백 여년의 세월이 필요하다니 안타깝다.

각계의 성금과 특별 재난 구역, 긴급 추경편성 등 적극 지원하여 가족과 집, 삶의 터전을 잃은 이재민들이 조속히 회복되기를 기원한다.

이번 대형산불은 입산자의 사소한 부주의와 고온 건조한 강한 바람이 광범위 대규모 산불로 번졌다지만, 울창했던 산림에는 임도가 부족했고 벌채 등 숲 가꾸기가 안되어 낙엽이 수십 센티 이상 쌓여 불쏘시개가 되었다고 한다.

1980년부터 농가의 난방이 기름보일러로 교체되면서 나무를 땔감으로 쓰지 않아 산속에 부산물이 계속 쌓이게 되어 사람 접근도 어려웠다고 한다.

특히, 한국의 나무인 소나무 등 침엽수가 불쏘시개가 되어 많이 소사되었다고 한다. 소나무는 오랜 세월 한국인의 나무였다. 추사가 그린 세한도는 고고하고 잘 견디는 절개와 의리의 상징이었다. 늘 푸른 소나무는 혹한에도 푸른 절개를 상징한다. 성삼문은 "이 몸이 죽어가서 무엇이 될꼬 하니 봉래산 제일봉에 낙락장송 되어서, 백골이 만건곤할 제 독야청청하리라"며 살아서나 죽어서나 홀로 푸른 소나무가 되겠다는 늠름한 절개를 표현할 만큼 한국인의 사랑을 받았던 소나무는 불에 잘탄다.

매년 지구온난화는 가속되고 태풍과 돌풍, 폭우와 가뭄 등 급변하는 이상기후는 언제든지 산불을 불러온다. 공기를 맑게 하고 탄소를 억제하며 삶의 활력을 주는 울창한 산림이 이제는 거센 산불이 되어 일상을 위협하고 생명을 앗아갈 수 있다.

앞으로 소중한 나무를 산불에서 보호하기 위해 어떻게 숲을 가꿀 것인가?

첫째, 전국의 임도 개설을 적극 추진해서 산림자원을 활용하고 산불에 소방차와 인력이 신속히 접근할 수 있도록 해야 한다. 이번 재난에 장비와 인력이 부족하고 접근하기 어려워 헬기에 의존하는 것을 목격하였다

둘째, 이번에도 성묘객의 부주의가 화재의 원인이었는데 입산자가 조심해야 하지만 산지 곳곳에 묘지관리를 납골당, 수목장활용으로 전환해야 한다.

셋째, 산림 부산물을 에너지 자원으로 활용할 수 있도록 나무와 부산물로 석탄을 대체하는 화력 발전소를 운영한다든지, 지역 난방시스템도 나무를 활용하도록 하며 이들 업체가 활성화 되어 나무가 자원으로 쓰이도록 강구해야 한다. 그나마 좁은 땅인 전 국토의 70%에 이르는 산지 자원을 활용 해야한다.

넷째, 산림법 등 나무를 무단 벌채하면 처벌받는데 사유림에도 각종 규제가 많다. 나무는 심고 가꾸고 일정한 공간을 확보하여 안전하고 쾌적하게 관리되어야 한다. 전국 산림의 67%가 사유지라 경제성이 없어 보존이라는 명목으로 울창하게 방치된 곳이 많았다 이제 산림은 자연 그대로가 아니라 모든 산림은 관리되어야 한다는 인식의 대전환이 필요하다.

다섯째, 산지를 밤나무, 호두, 잣, 감나무 식재 등 지역별로 특색에 맞는 임업정책도 필요하다. 사유지에 대한 규제를 없애 골프장, 산삼단지, 표고, 송이 산지 등 장려하고 지역별 산불 예방과 촘촘한 현장 진화 능력도 보강해야 한다.

이번 산불 진화에 순직하시고 희생되신 모든 분들의 명복을 빌며 조속한 피해회복을 기원드린다. 이제 산불은 더욱 우리 일상을 위협할 수 있어 산림으로 수익 창출도 하면서 산불 등 모든 위협으로부터 안전관리가 필요하다.

심은석 건양대 교수, 한국문인협회·한국산림문학회·한국시인협회 회원, 풀꽃시문학, 충남문협, 공주문협 동인. 시집 『날마다 걷는다』 외

그들의 영혼을 사랑하지 못한 죄

올해 5월 19일 유네스크 생물권보전지역 중 한 곳인 광릉숲을 방문할 기회가 있어 오랜만에 숲길을 걷다가 이끼로 덮인 쓰러진 나무를 보았다. 씨앗에서 묘목으로 그리고 웅장한 나무로 살다가 생을 마감한 그의 영혼을 위해 잠시 손을 대고 마음속 대화를 나누었다. 오후엔 광릉숲 자락에 위치한 봉선사를 방문했다. 대웅전 입구에 보호수가 있길래 꼭 안아주면서 지난 600년의 광릉숲 이야기를 들려달라고 했다.

칼 세이건 작가의 저서 『코스모스』에 나온 구절을 인용해 보자면, "동물과 식물이 각각 상대가 토해내는 것을 다시 들이마신다니, 이것이야말로 환상적인 협력이 아니고 또 무엇이겠는가. 이것은 지구 차원에서 실현되는 일종의 구강 대 기공의 인공호흡인 것이다."

우리가 나무를, 산을, 어떻게 대해야 하는지 깊이 생각하게 해주는 명문장이다.

올해 봄 산불은 여느 해와 달랐다. 2005년 4월 4일 발생해 이튿날 보물 479호 낙산사를 덮친 산불보다 더 깊은 상처를 우리에게 남겼다.

이번 경북지역 산불로 우리 인간도 큰 피해를 입었지만 인간보다 더 오래 살아온 그들도 헤아리기 힘든 피해를 입었다.

자주 반복되는 건조한 계절에 대형산불은 비단 우리나라만 발생되는 것도 아니다. 미국 캘리포니아주 로스앤젤러스 산불, 오스트레일리아 시드니 산불, 유럽 스페인 카나리아 산불 등은 면적만 따져도 2천4백만 헥타르가 잿더미가 되는 초대형 산불이다.

기후변화로 인한 기온상승과 계절적 건조함으로 전 세계적으로 산불의 양상이 이전과는 다른 형태로 전개되고 있다. 이번 경북지역 산불도 그 누구도 불이 그렇게 빠르고 크게 번질 것이라고 예상하지 못했다.

2019년 산불피해지인 강원도 고성과 속초지역에 협력사업으로 조림사업을 추진할 2021년 당시, 피해지 조사차 방문한 4월의 동해안 야산은 성인 남성이 반듯하게 서 있을 수 없을 정도의 강풍이 불고 있었다. 우리를 안내한 고성군청 직원이 쓰고 있던 안경은 순식간에 날아가 찾을 수 없었고, 모래바람으로 눈을 뜨고 걷기도 힘들었다. 그런 봄철 강풍이 이번 경북지역 산불을 키웠다.

하지만 어디 강풍 탓만 할수 있을까. 우리 인간의 자연을 대하는 태도가 근본원인이라고 본다. 1960년대 난방시스템의 개량이 있기 전에는 나무는 그저 땔감일 뿐이었다. 사진으로 접해 본 조림사업과 사방사업 전의 우리 산은 민둥산이었다. 이제 울창해진 산은 우리에게 휴양의 공간 뿐만 아니라 맑은 공기를 제공해 주는 고마운 존재가 되었다. 더 나아가 우리 생활권 주변에 정원을 조성하고 감상하는 때가 되었다. 우리는 자연 속에서 사색하고 명상하고 영혼을 위로받고 있다.

그러나 우리 인간의 자연을 대하는 태도는 아직도 교육이 필요하다.

우리가 그들의 영혼과 교감할 수는 없을 지라도 고작 100년도 안되는 시간을 함께 머물러 지내야 하는 존재로서 서로를 아껴주어야 한다.

그들의 영혼을 사랑하지 못한 죄를 더는 짓지 말아야 한다.

오명훈 경기도청 정원산업과 정원정책팀장, (사)한국산림문학회 회원

만날 수 없는 길

5월의 봄날, 비가 내리고 있었다. 문학 세미나 참석을 위해 울산으로 향하는 길은 푸르고 또 푸르렀다. 그 푸른 길을 빗물이 적셨다. '이 비가 그날 내렸다면…' 문득 산불로 타오르던 울산의 모습이 떠올랐다. 어렸을 때, 크레파스로 '산불 조심'에 관한 포스트를 색칠할 때에는 그저 그러한 일은 과제에 불과했다. 불행한 일들이 어디에선가 일어나고 그 일들이 일어나지 않기를 바라는 것은 당연한 것이므로. 하지만 어른이 되어 부모나 선생님의 보호를 받지 않고 스스로를 책임져야 하는 시간을 맞이하며 세상은 좀 더 다른 각도로 다가왔다. '얼마나 힘든 시간들을 보내고 있을까.' 그런 아픔이 운 좋게 나를 비껴갔다고 하지만 또 다른 누군가에는 현실인 것이다.

뉴스에는 연일 산불 관련 소식들이 전해지고 있었다. 봄이었다. 인간의 사소한 실수, 건조한 공기와 바람이 맞물려 불길은 점점 번져가고 있었다. 인간이 아니어도 산불은 있을 수 있다. 하지만 그러한 자연 발화는 인간이 일으키는 산불에 비하면 낮은 확률이라고 한다. 즉, 대개 인간의 부주의가 산불의 원인인 것이다. 그렇게 별것 아닐 듯한 작은 불씨가 확산되면서 무슨 일이 일어나고 있는지 온 국민이 뉴스를 통해 매일 지켜보고 있었다. 유난히 산불 피해가 심했던 올해, 기후 변화의 영향으로 계절과 상관 없이 이러한 일들이 더 자주 일어날 것이라는 암울한 소식이 이어지고 있었다.

커진 불길은 민가를 집어삼킨다. 그 안에는 가족이 살고 있다. 집이 불타고 삶의 터전이 사라진다. 그 와중에 목숨을 잃지 않기 위해 불길을 피해 도망쳐야 한다. 어느 날 갑자기 의도하지 않은 불행의 그림자가 뒤쫓아온다. 평화로운 일상이 무너진다. 시골에 사는 분들은 대개 힘 없는 노인분들이다. 불행 앞에 그분들은 약자이다. 살아온 시간이 살아갈 시간보다 더 길지만, 그 끝을 어떠한 방식으로 맞이할지는 중요한 문제이다. 도심이 아닌 시골이기 때문에 산불이 큰 일이 아니라고 생각한다면 정말 잔인한 사고방식일 것이다.

더구나 도심 또한 산불 안전지대가 아님을 연이어 일어난 이번 산불 사태가 보여주었다. 바람을 따라 번져 나간 산불은 그곳이 인구밀도가 높은지 낮은지 상관 없이 거침 없이 나아가 주변은 삽시간에 타들어 가고 있었다. 울산의 경우, 농막에서 용접을 하던 중에 산불이 시작된 것으로 파악되었다. 그러한 작은 불길이 도심의 중심부에 닿는다면 어떠한 결과를 초래할까. 도시는 인화 물질로 가득하다. 한 전문가는 그런 도심을 두고 '화약고'라고 지칭하기도 한다. 즉, 작은 불씨가 재앙을 가져올 수 있음을 의미한다.

한편, 산불은 그 자체로 산림을 훼손하기에 위험하다. 나무 한 그루가 성장하는데 얼마만큼의 시간이 소요되는가 헤아려 본다. 나무에는 수십 년 또는 수백 년의 세월이 나이테로 남아있다. 그렇게 일군 나무들은 이산화탄소를 가져가 맑은 공기를 만들고 가정의 식탁이 되기도 하며 자라나는 아이들의 책상이 되기도 한다. 콩나물처럼 며칠 물만 주면 쑥쑥 자라나는 그런 존재가 아닌 것이다. 더구나 중요한 수종이 있는 숲은 보호구역으로 지정되어 국가 차원에서 보호하고 있다. 또한 역사 유적지나 문화재도 숲 안에 있는 경우가 많다.

한번 소실되면 돌이킬 수 없는 것들을 보석처럼 숲이 감싸고 있는 것이다. 하지만 산불은 인지 능력이 없다. 그저 자연현상으로서 태울만한 것은 무엇이든 그것을 향해 나아갈 뿐이다. 무엇을 태우는 것인지 알지 못하고 그 대상을 취사선택할 능력조차 없다. 때문에 화재 진압을 할 때는 단지 불길을 잡고 그 불을 끄기 위해 노력하는 것만이 아니라 절대 불길이 닿지 않아야 하는 곳에 화재가 번지는 것을 막기 위해 화재 지연제 등을 통해 최대한의 방어를 한다고 한다. 그렇기 때문에 소방 작업은 사람들이 생각하는 것보다 훨씬 체계적으로 촘촘하게 이루어진다.

한국에는 현재 사형제도가 없다. 사람의 목숨을 끊을 권리가 사람에게 있는가는 오래된 도덕적 그리고 철학적 화두이다. 이런 고민과는 별개로 감정적으로 악인을 처벌하고자 하는 마음은 보편적으로 인간의 내면 기저에 존재한다. 그렇다면 의인에 대해서는 어떠할까. 누구보다 더 오래 살아서 세상을 빛내야 하는 소중한 존재라고 생각할 것이다. 타인의 실수로 인해 발생한 산불 진압을 위해 애쓰다 목숨을 잃는 사람들의 모습이 안타깝고 가슴 아프게 느껴지는 것은 그런 측면에서 너무나 자연스럽다. 그분들은 영웅이기 때문이다.

누구나 안전한 곳에 머물고 싶어한다. 그런데 시뻘건 불길과 까만 재로 가득한 불길에 사로잡힌 숲을 향해 나아가는 것은 더 이상의 피해를 막기 위한 노력이다. 그 노력은 또한 희생이기도 하다. 누군가의 그런 용기 때문에 한 걸음 물러나 안전한 곳에서 각자의 일을 하며 일상을 지킬 수 있는 것이다. 하지만 산불 작업 중 헬기 추락으로 사망한 분의 이야기를 듣고 있으니 가슴 한 편이 서늘해졌다. 그분은 한 가정의 가장이다. 지켜야 할 가족이 있고 자신의 삶이 있다. 아름다운 별이 진다는 것은 이런 의미가 아닐까 생각했다.

숲은 가까운 곳에 있다. 우리는 그 숲을 그리워하며 그곳에 머물고 싶어한다. 산림 치유라는 표현은 자연 속에서 몸과 마음이 건강해지는 과정을 의미한다. 경제 성장과 물질에 대한 갈망은 치열한 생존경쟁 속에서 이루어지고 있지만 인간은 다른 한 편으로 숲 속에서 무한히 평평한 길을 편안하게 걷고 싶은 마음을 갖고 있는 것이다. 그렇듯 소중한 숲을 불태우는 것은 아주 작은 불씨이다. 오래된 '산불 조심'이라는 구호가 아직도 유효하다는 것은 인간이 얼마나 부주의한 존재인지를 보여준다.

 온종일 내리는 비 속에서 다른 소설가 분들과 함께 울산 '오영수 문학관' 방문을 마치고 '오영수 문학상' 시상식에 참석했다. 시상식은 조경이 아름다운 야외에서 이루어졌다. 떨어지는 빗소리가 경쾌했다. 따뜻한 꽃차를 마시며 행사에 참여하며 문득 이런 생각이 들었다. '행운이야.' 그 시간들이 특별한 행운처럼 다가왔기 때문이다. 하지만 노력 없이 행운이 오기만을 바라는 삶은 무의미할 것이다. 매해 불타는 산을 보며 비가 쏟아져 내리기만을 바란다면 그와 다르지 않을 듯 싶다. 우리는 돌이킬 수 없는 길을 걷지 않기 위해 무언가를 해야 하는 것이다.

이 란 2000년 《시대문학》 소설 등단. (사)한국소설가협회·(사)한국문인협회·(사) 국제펜한국본부·(사)한국산림문학회 회원. 단편집 『사랑에 관한 6가지 단상』

산이 울부짖던 날, 무엇을 잃었나

"모든 사람의 마음속에는 하늘과 땅으로부터 받은 커다란 조화의 생명력이 작용한다. 그것이 삶의 토대를 이루고, 모든 것이 그 토대에 복종한다. 나무와 풀이 끊임없이 성장하듯 우리 마음에는 자연의 신비에 힘입어 살게 하고, 평화롭고 조화로운 존재에 기뻐하는 힘이 끊임없이 작용한다. 이런 힘을 삶의 기쁨이라고 부른다. 이는 인간의 마음이 살아 있게 하는 토대이기에 인간성의 토대이기도 하다. 하지만 이기심이 우리를 지배할 때 이런 삶의 기쁨은 사라진다."

일본의 식물학자 가이바라 에키겐(貝原益軒, 1630~1714)의 예지 넘친 글이다. 숲을 잃은 우리에게 오늘 새삼 마음에 와 닿는다.

2025년 3월, 한 줌 불씨가 바람을 타고 치솟고 휘몰아쳐 수천 억의 생명을 앗아갔다. 거센 불길은, 인간과 자연의 조화를 파괴하고 생명을 삼키며, 숲을 잿더미로 만들었다. 생명의 소멸이요 죽음이었다. 나무의 속살을 파고든 불길은 고요한 숲의 숨결을 휘감으며, 결국 산을 무자비하게 태워버렸다. 고귀한 인명과 수백 년을 품어온 고목을, 아침마다 이슬 맺히던 풀잎을, 온갖 생명의 보금자리가 한순간에 무너졌다. 삶의 터전은 재가 되고 마음도 함께 붕괴되었다.

의성, 안동, 청송, 산청 등지의 하늘은 불꽃과 희뿌연 연기로 뒤덮여 앞을 분간할 수 없었다. 하룻밤 사이에 수천 헥타르의 숲이 사라졌고, 화마는 촘촘히 들어선 나무를 휩쓸고 마을로 번져 수많은 생명을 위협했고, 작물들과 천 년 고찰과 문화유산도 잿더미가 되었다. 간신히 몸을 피한 이들의 공포스런 탄식을 잊을 수 없다. "오오~세상이 다 타 버렸어요! 모든 생각이 멈추고 오로지 살아야겠다는 두려움뿐이었어요."

화마가 자연을 유린했다. 닷새 만에 무려 10만 헥타르에 달하는 산야가 불길에 삼켜졌다. 시뻘건 불꽃은 밤하늘을 붉게 물들였고, 자욱한 연기가 산천을 뒤덮었다. 가슴을 부여잡고 타들어가는 산과 집을 바라보며 피 울음을 삼켰던 심정은 말로 다 표현할 수 없는 절망이었다. 불길이 산을 태우고 집어삼킬 때 우리 마음도 함께 타들어갔다.

20년 전, 동해안을 덮쳤던 산불은 닷새 동안 2만 헥타르를 태웠다. 이번 산불은 같은 시간에 다섯 배나 넓은 숲이 불탔다. 왜 그렇게 되었을까? 더 울창해진 숲, 더 거세진 바람, 더 건조해진 대기, 봄가뭄 속에서 모든 조건이 불길을 도왔고, 부족한 임도도 진화를 어렵게 했다. 온 국민이 느낀 참담함과 안타까움도 더 깊고 컸다. 그 슬픔은 단지 피해 지역 주민들만의 것이 아니었다. 전국 곳곳에서 그 아픔을 함께했고, 화면을 통해서 불타는 산을 지켜보며 가슴속으로 함께 절망했다.

산불은 단지 숲을 태우는 자연재해가 아니었다. 그것은 인간이 숲에서 얻었던 마음의 고요, 내적 균형, 그리고 자연과의 조화로움을 깨뜨리는 화마였다. 숲은 단지 생태계의 일부가 아니다. 그것은 우리가 살아가며 스스로를 다독이던 공간이며, 인간이 자연과 공존하며 배워온 지혜의 뿌리였다. 산이 불타는 순간, 우리는 그 숲 안에 담겨 있던 생명의 질서를 잃었고, 자신과 마주하던 묵상의 공간을 잃었으며, 결국 인간과 자연이 맺어온 관계의 끈이 무너지는 파탄을 마주했다. 산불은 우리가 지켜야 할 본질을 무너뜨리는, 생명과 가치의 죽음이었다.

에키겐은 300년 전 이미 인간과 자연의 조화로운 공존을 선견했다. 인간의 이기심과 무관심이 자연과의 조화를 깨뜨렸고, 그 결과로 깊은 내상을 입었다. 산불은 단지 바깥에서 온 재앙이 아니다. 그것은 우리의 내면에서 잃어버린 조화와 평온의 상실이며, 우리 모두가 함께 짊어져야 할 책임이다.

지난 4월10일, 한국의 산림녹화 역사기록물이 유네스코 세계기록유산에 등재되었다. 이 쾌거는 세계가 인정한 우리의 녹색 유산을 다시 살려내라는 격려의 메시지였다!

'숲 사랑 산불 예방'은 더 이상 특정인의 책임이 아니다. 전 국민의 일상적인 생활 문화가 되어야 한다. 지역 공동체와 학교, 기업이 함께하는 내 나무 갖기 운동을 전개해보자. 그 경험은 생명 교육의 뿌리가 되고 생태 감수성을 키우는 디딤돌이 되지 않겠는가!

SNS를 통한 '숲 지키기 챌린지'도 좋은 방안이다.

#'오늘내가지킨숲'

#'숲에서만난생명'

이런 해시태그는 국민적 참여를 이끌 수 있다.

문화예술인들이 앞장서 감동적인 콘텐츠로 참여한다면, 그 울림은 더욱 커질 것이다.

절망은 끝이 아니다. 땅속 깊은 곳에서 살아남은 뿌리가 새싹을 올리고, 먼 산에서 씨앗들이 날아오고, 새들과 동물들이 생명을 불러오는 동안, 우리도 한 그루씩 나무를 심자. 단순한 복구가 아니다. 사라진 뭇 생명에 대한 속죄, 다시 살려내겠다는 다짐, 자연회복을 위한 기도이다. 바람이 잎사귀를 흔들며, 다시 새들이 날아들고, 이윽고 무성해진 숲에서, 마음의 고요와 삶의 기쁨을 되찾을 수 있기를 간절하게 소망한다.

이원환 (사)한국산림문학회 기획위원, (사)창작수필문인회 감사, (주)NES-Patners 대표이사

산불 현장 에피소드

요즘 산불은 시도 때도 없이 발생한다. 지구 온난화 때문인지 모르지만 이제 산림 공직자는 '아까시꽃이 피기를 기다리는 사람'에서 '밤꽃이 피기를 기다리는 사람'이 되었다.

2025년 올해는 우리 역사상 유례없는 대형 산불과 또 다른 여러 건의 산불로 막대한 재산 손실과 산림 피해를 입었고 많은 분이 귀한 목숨을 잃는 슬픔을 겪었다. 산불로 희생된 영령들에게 삼가 명복을 빌며 유가족께도 심심한 위로의 말씀을 드린다.

나는 30여 년의 공직 생활을 하면서 많은 산불을 경험했다. 오랜 세월이 흐르는 동안 산불 여건도 많이 변했지만 지난 경험담도 기록으로 남기면 이 또한 역사가 될 것이라는 믿음으로 이 글을 쓴다.

칠흑 같은 어둠 속에 앞뒤 사람 허리띠 잡고 하산하다

삼척관리소에 근무할 때다. 백복령에 산불이 발생하였다는 경보를 받고 부랴부랴 산불 현장으로 출동했다. 정선관리소 관할 국유림에서 산불을 다 끄고 나니 세상은 그야말로 칠흑 같은 어둠이다. 엉겁결에 뛰쳐나간 까닭으로 손전등도 없었으니 참으로 막막했다. 깜깜한 가운데 직원들을 불러 서로의 허리띠를 잡고 내리막길을 더듬더듬 가까스로 하산했다.

산불을 앞에서 보는 사람과 그 안에서 끄는 사람, 그리고 진압한 산불을 다시 확인하며 산 속을 헤매본 사람들은 산불을 느끼는 공포감이 다르다. 나무 하나 타는 것이 마치 내 수족이 타는 듯한 느낌 때문에 밤잠을 설치고, 결국 진압된 곳도 또 확인하지 않고는 산을 떠나지 못한다. 길도 없는 어둠 속에서 산불을 끄던 산지기들이 한몸처럼 움직이던 그때를 생각하니 지금 후배들이 그 고생을 또 하겠구나 하는 마음에 다시 잠을 이루지 못한다.

산불 진화 훼방꾼

낮에 발생하는 산불에는 많은 공무원이 동원된다. 근무 중에 갑자기 출동하는 바람에 산불 담당 부서 직원 외에는 대부분 구두 신은 양복 차림에 넥타이까지 매고 나오고, 심지어 승용차를 끌고 나와 길을 막으니 그들은 어중이떠중이로 모인 산불 진화 훼방꾼 같았다.

산불 진화는 그야말로 전쟁통이다. 군복 없이 산불현장에 있다는 것은 자신의 목숨만이 아니라 다른 사람의 목숨도 방해하는 일이 될 때가 있다. 또 산불현장에 있었다는 것을 증빙하기 위해 기념사진을 찍고 가는 사람들도 많다. 다들 업무에 따른 속사정이 있지만 정작 산불을 끄는 사람 입장에서는 일에 지장을 받는 경우가 있다.

하루 세 번의 기관장 모임

인제관리소는 관할 구역이 넓을 뿐만 아니라 군부대의 쓰레기 소각장이 여러 곳에 있어 산불이 비교적 자주 발생하던 지역이었다. 내가 인제관리소에 근무할 당시에는 산불 발생과 피해 정도에 따른 연대 책임 제도가 있어서 시·군 및 경찰 관서와도 공조가 잘 되어 국·사유림을 막론하고 산불 진화가 비교적 수월하였다. 그러다보니 어느 하루는 세 번의 산불로 군수, 서장, 소장이 세 번이나 현장에서 만나 기관장 회의(?)를 한 에피소드도 있다.

이제는 다 지나간 추억이 되었지만 매년 산불이 나면 이 에피소드들이 기억의 창고에서 나오곤 한다.

우리나라는 그런 어려운 과정을 겪으면서도 숲을 울창하게 가꾸어 임업 선진국이 되었고, 산림녹화의 위대한 업적은 유네스코 세계기록유산으로 등재되는 쾌거를 이룩했다. 가슴 뿌듯하고 감개무량이다.

지금까지 황폐한 국토를 푸르게 가꾸는데 전심전력을 했듯이 산불 앞에서 무릎을 꿇을 수는 없다. 당장 겪은 산불을 누구 탓만 하며 비난의 소리만 내서는 안 된다. 기후 문제도 있지만 현재 일어나는 산불은 무심하게 저지르는 작은 실수가 큰 산불로 이어지고 있다. 그러므로 국민들에게 산불에 대한 경각심을 교육적으로 해 나가면서 앞으로 더 나무를 심고 가꾸면서 산불로부터 산림을 지켜나가면 된다. 우리나라가 산림강국이라는 것을 세계가 인정한 이상 이제 보여 줄 것은 이런 재앙 앞에서 더욱 단단하게 푸른 강산을 만들어 가는 모습이다. 우리 산림 공직 후배들이 국민들과 함께 이 일을 해낼 것이라 믿는다.

이종삼 2016년 《산림문학》 수필 등단 (사)한국산림문학회 이사. 제10회 산림문학상 수상

숲의 절규가 악몽으로 남아

울진에서 발생한 산불은 우리에게 커다란 충격을 안겨주었다. 서울 면적의 35%에 달하는 2만 ha의 산림이 불타 버렸다. 처음 TV 뉴스 영상을 볼 때 달리던 차에서 창밖으로 던져진 담뱃불, 그 작은 불씨 하나가 원인 같았다. 조그마한 부주의가 불러온 재앙은 주민들의 삶을 송두리째 앗아가고, 산의 생명체를 한순간에 잿더미로 만들어 버렸다. 그곳에는 울진원자력발전소와 액화천연가스 저장소, 소광리 금강송 군락지 등이 있어 위험천만한 일이 벌어질지 모른다는 불길한 생각까지 들었다. 산불 진화를 위해 수백 명의 인력과 소방헬기 등 동원할 수 있는 장비는 모두 투입되었지만, 강한 바람과 건조한 날씨는 산불 진화 노력을 어렵게 만들었다. 결국 하늘에서 내린 비가 주불을 잠재울 수 있었고 잔불은 진압 대원들의 노력으로 마무리할 수 있었다. 우려한 일은 일어나지 않았지만, 인력의 한계를 느끼게끔 한 울진 산불의 순간을 경험하게 했다.

지난 공직에 있을 때 산불이 발생하여 진화한 기억이 새삼스럽게 떠오른다. 한 해를 마무리하는 12월에 그것도 추운 겨울 저녁 무렵 때였다. 산림과장으로부터 관내에 산불이 났다는 전화 보고를 받았다. 잘못하면 큰 피해로 이어질 수 있겠다는 생각에 가슴이 뛰면서 불안감이 엄습했다. 그러나 침착하게 상황 보고를 받고 진화 대책을 먼저 물었다. 동해 산불이 났을 때 피해 현장에도 가본 경험이 있고 또한 산불 원인과 진화 방법, 복구 방법 등에 대해서 세미나에도 참석한 적이 있어 앞으로 전개될 상황을 머리속에 그려 보았다. 산불 진화 매뉴얼 따라 신속하게 산불

진화에 총력을 다하여 피해를 최소화될 수 있도록 주문했다.
 현장에 도착하니 산자락 끝에 붙은 불은 벌써 산 능선을 넘었다. 마을로부터 떨어진 외딴 산자락 주택에 사는 주민이 마당의 각종 쓰레기를 태우다 잠깐 다른 일을 보는 사이에 산불로 번졌다는 것이었다. 참으로 사소한 부주의로 산불이 발생한 것에 어이가 없었다. 오늘따라 산골의 겨울 해는 일찍 서산으로 숨어들고 그 틈에 어둠은 순식간에 산을 덮었다. 깜깜한 밤하늘 아래 불꽃이 띠를 두르고 산 능선을 타고 오르며 춤추고 있었다. 경사진 산비탈에서 돌과 바위를 쥐고 있거나 감고 있는 덩굴식물과 나무들이 불에 타면서 굴러 내리면 산불진압대원이 위험하다고 내게 일러 주었다. 어둠 속에서 산불을 진압한다는 것은 불가능한 일이었다. 날이 밝으면 다시 진압을 시도하기로 하고 진압 주민과 대원을 모두 철수시켰다. 현장을 지키면서 꼬박 밤을 새웠다. 다행히 날이 밝자 바람도 자고 산불은 사그라져가고 있었다. 천만다행이란 생각에 한숨을 돌렸다.
 며칠 뒤 산불 피해 현장을 찾았다. 타다 말다 남은 나무들이며 잡풀들이 시커멓게 그을려 있거나 재가 되어 바람이 불며 이리저리 날아다녔다. 마치 죽은 나무들의 혼백이 갈 곳을 잃고 떠돌아다니는 것만 같았다. 살아 있는 산이 아니라 죽은 숲의 무덤으로 변했다. 산속의 소나무, 참나무 등 영혼이 떠난 나무들이 발가벗긴 채 검은 시체로 서 있었다. 산속의 아름다운 나무들의 모습은 어디 가고 검게 탄 몰골만이 있었다. 산의 피부와 옷이라 할 수 있는 나무와 풀, 낙엽들이 모두 까맣게 타버리고 산 역시 그야말로 알몸뚱이란 느낌이 들었다. 산에 사는 동물들과 작은 생명체들은 어떻게 이 추운 겨울을 지낸단 말인가.
 대지의 품속에 겨울을 지내고 봄에 새 생명으로 탄생할 씨앗들은 또 어떨까, 사람의 눈을 피해 숨어 있는 작은 생명체는 또 어떻고, 우리들의 눈에 보이지 않는 미생물은 또 어떠할까. 생각에 생각의 꼬리를 물면서 참담한 내 마음을 더욱 나락으로 떨어지게 했다. 그러나 토끼와 다람쥐, 고라니 등 동물의 사체는 다행히 보이지 않았다. 산비둘기, 산까치 등 산새들의 죽은 모습도 보이지 않아 안도의 한숨을 쉬었다. 산 아래에서 불꽃이 춤을 추면서 산 위로 올라올 때면 숲속의 동물과 새들은 얼마나 놀랐을까. 야행성 동물이라면 신속히 대피라도 할 수 있지만, 깊은 잠에 빠진 동물이라면 자신도 모르게 화장을 당하는 수모를 겪었을 것이다. 평화롭던 산속의 세상이 졸지에 전쟁 같은 지옥으로 아수라장을 만들어 놓았다. 인간의 사소한 부주의로 아니 잘못으로 그들은 무슨 죄라고 그들의 삶의 터전을 송두리째 망가뜨렸다는 말인가.

  우리는 그래도 불탄 나무의 피해만 생각하고 인명과 직접적인 재산의 피해가 없었다면서 다행이라고 안위했다. 그런 생각은 지극히 우리들의 이기적인 생각에 불과하다는 것을 오늘 피해 현장을 보면서 느꼈다. 우리 눈으로 볼 수 없는, 아직 생각이 미치지 않는, 생태계의 작은 생명체의 피해는 간과하고 있었다. 그들은 살아가는 터전은 물론 먹을 것도 잃었다. 산불은 모두 잿더미로 만들어 놓았다. 그뿐일까. 그들 중에는 나뭇잎 속에 숨겨 놓은 알과 번데기 등 대를 이을 후손마저 몰살시켰다. 어쩌다 살아남았다 할지라도 상부상조하는 이웃을 죽음으로 내몰아 놓아 무슨 작은 희망마저도 끊어놓았다. 생지옥이 따로 없을 것이다. 우리는 그들의 피해는 생각하지 않고 우리가 사용할 나무가 사라졌다니, 먹고 팔 송이가 몇 년 동안 생산되지 않는다느니, 여름에 비가 오면 산사태를 걱정하고 있다. 이 모두가 하나로 연결되어 있다는 자연 생태계의 섭리도 모르고 지극히 이기적 생각과 행동이라 아니할 수 없다.

나무들은 더이상 봄이 와도 새싹을 틔우지 못할 것이며, 동물과 곤충들은 황폐한 터전에 그들의 삶은 또 한 번의 긴 추운 겨울 같은 생활을 이어갈 것이다. 산이란 나무와 풀만이 아니라, 그의 품 안에서 함께 살아가는 수많은 생명체의 보금자리다. 산의 숲이 사라지면 그들과 함께 공생하던 생태계도 무너질 수밖에 없다. 결국, 산불 예방만이 이를 막는 최선의 방법이다. 산불은 언제든지, 어디서나 발생할 수 있는 재난이지만, 우리가 조금만 신경 쓰면 충분히 예방할 수 있는 재난이기도 하다.

울진 산불은 손가락 크기보다 작은 담배 불씨가 엄청난 면적의 산림을 초토화해 버렸다. 수십만 그루의 나무가 불타 버렸다. 산은 입고 있던 옷이 홀랑 불타버려 벌거벗은 알몸이 되었다. 여름에 장마가 지속되면 산사태로 산은 몰골이 말이 아닐 것이다. 봄이 되어도 나무는 푸른 잎도 아름다운 꽃도 피울 수 없을 것이다. 따라서 열매도 맺을 수 없어 종족 번식에도 어려움을 겪을 것이다. 산에서 살아가는 동물과 곤충의 가족은 오랫동안 굶주림에 허덕일 것이다. 보이지 않는 미생물의 삶은 어떨까. 그로 인하여 생태계의 먹이사슬은 구멍이 숭숭 뚫리어 매서운 바람만 쌩쌩 소리를 낼 것이다. 숲이 사라지면 숲과 함께 살아가는 생명체도 사라지고 만다. 다시 숲이 형성되고 생명체가 돌아올 때까지는 많은 세월이 흘러야만 된다. 본래의 산으로 되돌리는 것은 세월만이 할 수 있다. 울진 산불은 옛날 산불 피해 현장에서 목도한 암울한 기억을 되살려 놓았다. 산불에 소리치는 숲의 절규가 들리는 듯하다.

장은재 2021년 《한국수필》 수필 등단. (사)한국산림문학회 이사, 국제펜한국본부 회원. 저서 『노거수 물음에 답하다』 『푸르름의 자유』 『綠花(녹화, 푸른꽃)』 외

불구경으로 끝낼 수 없다

우리나라는 세계적 산림국가

근세 우리나라의 산림면적은 6,370천ha에 달하며, 이는 전 국토의 63%를 차지하는 수준으로 우리나라는 세계적 산림 국가이다. 하지만 일제강점기(1910~1945)의 수탈과 6·25 동란(1950~1953)에 의해 전 국토가 초토화 되었다.

불모지 상태였던 우리나라 산림을 최단기간 내에 울창한 산림이 되도록 조성한 사실에 세계인들이 경탄하고 그 성공 사례를 '롤모델'로 삼고자 하였다. 이에 연유하여 (사)한국산림정책연구회는 무려 7년간에 걸쳐 전국적인 치산녹화사업 과정의 기록물을 수집·정리한 자료를 2024년에 UNESCO에 제출하여, 2025년 4월 15일에 '세계기록유산'으로 등재하기에 이르렀다. 우리 국민들은 '세계기록유산'인 우리나라 산림을 지속 가능한 위대한 자연유산으로 철저히 가꾸고 보존시켜야 될 책무를 갖게 된 것이다.

불구경으로 끝낼 수 없는 산불재해

산림의 재해에는 기상재해, 병·해충재해 및 산불의 재해가 있으며 이 중에 산불재해의 규모가 가장 크다. 본고에서는 산불재해에 관해서만 언급한다. 산불의 주요 발생요인은 산림주변이나 산림 내에서 사람들의 부주의로 인해 흔히 발생한다.

산불의 발생환경은 산림 내의 연소 가능한 수목을 비롯하여 낙엽·낙지와 고사목의 가연물질 및 대기 중의 산소량, 불이 발생할 수 있는 에

정윤수

너지가 제공될 때 주로 발생한다. 대기 습도가 낮고 강풍이 발생하면 그 피해가 확대된다.

산불의 발생 시기는 산불의 확산에 따른 피해수준 그리고, 다발적으로 여러 장소에서 발생하는 시기를 의미한다. 우리나라의 경우, 가연물질인 낙엽과 낙지가 많고 대기습도가 낮으며 강풍이 동반하는 3월 초순부터 5월 중순까지와 11월부터 12월간에 눈이 내리지 않는 시기라고 설명하게 된다.

산불의 발생원인은 산림인근에서 논·밭둑의 쓰레기 태우기 등과, 등산객 또는 성묘객들의 부주의에서 비롯된다. 산불의 연소조건은 연료와 산소량 그리고, 발화열 등 세 가지 요건이 작용한다. 산림조성 환경은 지역·토질·지형·기후에 따라 달리 구성하는 것이 원칙이다. 경사가 급하고 높은 지역엔 '자연림'을 조성하고 지대가 낮고 토심이 깊은 지역에는 '경제림'을 조성토록 한다. 따라서 산불이 발생하는 요인을 미리 분석하여 계획적인 대책을 강구할 필요가 있다.

임도林道의 시설확충, 지자체 중심으로 산불진화에 절대 필요한 전문 예비 진화대원 양성 산불 진화에 대한 기계화, 임목의 무육간벌 및 가지치기와 임 외로의 반출, 낙엽채취 및 지하매몰, 범국민적 산림애호교육의 프로그램개발 등이 시급하다고 여겨진다.

이번 산불현장을 살펴보니 무육撫育간벌이나 가지치기를 전혀 하지 않고 방치해서 줄기의 비대생장이나 통직한 모습을 볼 수 없었다.

산림모습이 이와 같아 산불 발생시 헬리콥터로 물을 공중 살포해도 수관樹冠에 부딪혀 진화에 지장을 주고, 진화대원이 호스를 들고 산불현장에 침투할 공간이 없었다. 산림의 일정 밀도를 유지하면서 간벌하고, 간벌목은 농기구 자재 또는 가로수 버팀목으로 활용하도록 중재하는 기구를 구성함으로써 간벌목을 산림 밖으로 반출해서 실수요자들에게 공급하도록 한다. 쌓여가는 낙엽 층은 산림의 요소마다 구덩이를 파고 땅에 묻어 산불 발생의 쏘시개 역할을 방지해서 토양개량 등 '일석이조'의 효과를 기대할 수 있다. 산불발생으로 사용되는 비용을 나무간벌과 가지치기 및 낙엽처리비로 대용하는 방안이 마련되길 희망한다.

자연사랑의 교육은 생활교육이어야 한다

공중도덕심이 높은 영국에서 한 소년이 길을 가다 바람에 모자가 공원 잔디밭에 날아가 떨어지자 잔디가 상할까 염려되어 들어가지 못하고 울고 있는 소년을 보고, 길 가던 노신사가 지팡이로 모자를 주워 소년에게 건넸다는 일화가 세계적으로 유명하다.

자연(산림)을 사랑하는 교육은 책으로 배우는 것이 아니라 자연환경 속에서 직접 보고 배우는 생활교육이어야 한다. 나무의 잎이나 줄기 그리고 열매를 만져 보면서 그 식물이 어떤 환경 속에서 살아가고 있는지 실감나게 터득토록 교육시키는 것이 중요하다.

자연교육은 평생교육이다. 자연사랑에 관한 올바른 교육이 되면 자연 속에 있는 모든 생명체를 소중히 여기는 마음도 자연스럽게 생겨나게 된다. 땅위에 자라는 식물이 주변의 동물과 어떤 관계를 맺어야 되는지에 대한 생물적 철학원리도 터득하게 된다. 특히 우리나라에 등산객이 많은 지역에 자연교육을 실감나게 관찰할 수 있는 동·식물 탐방로를 설치함으로써 등산객들로 하여금 산림환경에 대한 관심과 이해심이 제고되도록 하는 인식 전환의 시설이 시급하다.

21세기에는 자연 특히, 산림환경에 관한 문제가 화두로 제기되고 있다. 자연은 개발이 아니라 복구해서 보존시켜야 하는 대상이다. 우리가 나무를 심어 가꾸는 일은 경제발전과 생활환경의 개선, 인간과 자연이 현세와 미래를 조화롭게 실천하는 과업이다.

  울창한 산림의 모습은 부강한 국가의 상징이며, 황폐된 산림은 빈곤국가의 초라한 모습이다. 부강한 국가의 반열에 오른 우리나라 산림의 울창한 모습을 자랑으로 여기고 정성으로 가꾸고 보존시키는 것이 참다운 나라사랑의 길이라는 것을 어린 학생 때부터 온 국민에게 철저히 교육되어야 한다고 본다.

  산불 피해는 눈으로 보이는 산림자원 손실에 그치지 않는다. 애써 가꾸어온 나무들이 불타 없어지면 무서운 산사태가 발생 되고, 생물자원(바이오매스)의 재생기능을 상실하게 된다. 피해 입은 산림의 생태적 회복기는 100년이라는 장시일이 요구된다. 홍수와 토양유실 등의 방어력을 상실하게 됨으로 돈으로 환산하기 어려운 손실이 발생하게 된다. 늦은 감이 있지만 자연교육에 대한 체계적 프로그램을 개발해서 모든 국민들로 하여금 산림손실에 대한 경각심을 높일 방안을 강구되길 바라는 마음이다.

함께 보호하고 가꾸려는 의식

  자연(산림)은 인류의 의·식·주에 필요한 온갖 물질제공 이외에도 정신문명을 이룩되게 한 사상적 바탕이 되었다. 하지만 인간들은 유감스럽게도 자연을 정복하고자 끊임없이 개발을 도모하였다. 한편으로 환경윤리와 자연생태윤리를 내세워 자연보호운동을 전개하는 측면도 있다. 숲이라는 자연과 사람이 함께 공존하는 미래를 열기 위해서는 지구온난화로 인해 인간생활에 커다란 재앙이 닥치기 전에 미리 예방하는 수단으로 울창한 숲을 가꾸어야만 될 것이다.

전 국민을 대상으로 산림보호(숲 사랑)에 관한 새로운 '교육 프로그램'을 개발해서 교육시킴으로써 산림보호에 관한 국민적 인식전환의 계기가 마련되었으면 좋겠다. 우리나라 산림의 68%에 해당하는 사유림私有林의 소유주들이 산림소득이 없다는 이유로 산림경영을 도외시 하고 있다는 현실을 심각히 고민해야 될 것으로 여겨진다.

'세계기록유산'인 우리나라 산림이 훼손되지 않도록 온 국민이 자긍심을 가지고 숲 사랑운동을 함께 펼쳐나가길 희망한다.

정윤수 2008년 《창작수필》 등단, (사)한국산림문학회 회원 (사)한국산림정책연구회 고문, 건국대 자연과학대학장 역임, 저서 『수상록』 외

생명의 숲, 산불로부터 지키자

조은경

해가 바뀌고 날이 풀리며 동장군이 물러갈 즈음이면, 산과 들은 사부작사부작 봄기운에 발맞추는 몸짓으로 온통 아우성친다. 냉동실 전원을 끄고 갑자기 온장고의 전원을 '윙'하고 켠 것처럼 녹아가는 눈 더께를 털어버리듯 어깻짓을 하는 땅의 진동이 발끝에서 온몸으로 전해온다. 깊은 잠에서 깨어나 기지개를 켜는 뭇 생명들의 부산한 움직임이 메아리치는 파동으로 온 세상을 두드려 깨운다. 소생과 활기의 한바탕 축제다. 산에 오르면 들에 서면, 온몸의 털구멍 숨구멍마다 생명으로 용솟음치는 자연의 맥박과 숨결을 느끼게 된다. 풀이 돋아 나오고 나뭇가지의 여린 눈에서 주먹손을 펴듯이 유록의 잎새가 펼쳐지는 그 경이로움이란. 그래서 산에 들고 숲에 안기면 보이지 않는 충만한 생기의 힘을 얻는다. 비록 발 디딘 이곳이 아무리 고해苦海의 감인토堪忍土 삼계화택三界火宅 한가운데라 하더라도 능히 견뎌내고 감당할 것 같은, 최소한 다음 봄까지는 버텨낼 것 같은 힘을 얻어 삶의 용기를 낼 수 있게 한다. 그래서 내남없이 봄을 기다려 많은 사람들이 순례처럼 산행을 다니는가 보다. 거창한 산신제가 아니어도 긴 겨울을 부둥키며 견뎌낸 유정과 무정 모두가 서로의 무사함을 다독이며 기뻐하고, 다시 새날의 여정을 준비하는 지신밟기 같은 거 말이다.

우리나라는 국토의 70%가 산지다. 알프스나 히말라야 안데스 같은 위압적인 설산 산악국은 아니어도 민족의 영봉 백두산과 그리운 금강산 남쪽의 한라산으로 용틀임하는 산맥이 이어진다. 산맥마다 산세 좋은 명산이 혈 자리처럼 자리하고 산자락마다 맑은 강이 돌아들고 배산임수로 고을을 품어 살찌운다. 큰 산 큰 고개를 사이로 미묘하게 말씨와 풍습이 달라지기도 했다. 그래도 산에 나무하러 가고, 동산에 올라 달구경하고 뒷산 할아버지 묘소에 벌초하고 봄이면 지천으로 피던 진달래를 떠올리는 곳, 바로 고향 같은 산이다. 할머니 젖무덤 같은 나지막한 앞산 뒷산, 산에 기대어 오손도손 삶이 엮어져 왔다 해도 과언이 아니다.

산을 생각하면 나는 호랑이를 떠올린다. 어렸을 때, 저녁밥을 먹고 잠자리에 들면 옛날이야기를 들려달라고 엄마를 졸랐다. 엄마랑 남동생들이랑 나란히 이불을 덮고 누워서 듣는 옛날이야기, 생각만 해도 그립고 그립다. 엄마의 이야기보따리는 아마 외할머니 또 그 외할머니에게서 입으로 입으로 전해지던 그야말로 호랑이 담배 먹던 고리짝 이야기다. 그 이야기 중에는 단연 호랑이 이야기가 많았다. 호랑이에게 잡아먹힌 호식 상 이야기가 제일 무서웠다. 산중 호걸 호랑이는 맹수로 무섭지만 동시에, 인간의 심중까지도 꿰뚫어 보는 신비한 능력을 지닌 영물로도 등장했었다. 한겨울 병든 부모님을 위해 약초를 찾는 효자를 등에 태우고 내달리는 산신령 같은 존재 말이다. 또 악을 행하려는 무리 앞을 가로막는 천금 대호의 이야기는 오늘날 슈퍼맨 같기도 했다. 어린 나에게 호랑이는 무섭지만 뭔가 옳고 그름을 알아주는 그런 존재로도 느껴졌다. 이렇게 면면히 호랑이 토테미즘이 이어지는가 보다. 그 호랑이를 어렸을 적 부모님 손에 이끌려 간 창경궁 가족 소풍에서 실물로 처음 보았다. 봄철 흙먼지 풀풀 나는 동물원 울타리에 이마를 대고 가까이 보았다. 호랑이는 화가 나고 슬퍼 보였다. 구경꾼 인파는 안중에도 없는 듯 누워서 미동도 없었다.

호랑이가 살 수 없게 된 헐벗은 산은, 어릴 때 대한 뉴스로 접하던 우리나라의 산들은 일제의 수탈과 6.25 전쟁의 참화를 겪으면서 초근목피 가난한 살림같이 민둥산이었다. 그래서 당시 달력 사진에 나온 외국의 울창한 숲을 어린 마음에도 부러워하던 생각이 난다. 그러나 우리에게는 산을 나무와 숲으로 우거지게 하겠다는 국민적 염원이 있었다. 어린 나도 메아리가 살게시리 나무를 심자는 동요를 목청껏 불렀었다. 그 결과 우리나라는 짧은 시간에 산림녹화의 목표를 완수하기에 이르렀다. 산림녹화 기록은 자랑스럽게 유네스코 문화유산으로 등재되었으며, 그 성공적 경험을 다른 나라에 전수할 수 있는 위치에 서게 되었다. 새록새록 이 푸른 산과 우거진 숲이 생광스럽고 고맙다.

그러나 요즈음 유록의 향연이 짙어질수록 비례하여 자라나는 걱정이 있다. 전혀 반갑지 않은, 예고된 재앙처럼 들이닥치는 봄철 산불이 바로 그것이다. 최근 10년 사이 발생한 산불은 대형화하고 있다. 2019년 고성-속초 강릉-인제의 산불 기억이 아직도 생생한데, 이재민의 눈물이 채 마르기도 전에 경북 울진과 강원 삼척에서 잇따라 산불이 발생했다. 올해 2025년 3월 22일에는 의성에서 동시다발로 발생하여 경북 북부로 확산한 초대형 산불에 온 국민의 가슴도 까맣게 타버렸다. 점점 산불 규모가 커지고, 진화는 더욱 힘들고 피해도 커지는 악순환이 우려된다.

대형화되는 산불에 식생의 수종 변화, 임도의 관리와 개설 등 각종 처방과 대책이 쏟아지고 있다. 그러나 기후재앙 위기 속에서 소방장비와 인력, 예산지원 감시체계 그 어떤 것도 충분하지 않고 완벽하게 미덥지 못하다. 봄철 산속에 불에 타기 쉬운 마른 낙엽과 풀이 많고, 건조한 날씨에 태풍급 강풍까지 불었던 탓도 있지만 그렇다고 이렇게 산불을 연중행사처럼 맞이해서야 되겠는가? 숲이 우거지는 데 30년, 야생 동물이 돌아오는 데 35년, 생태계가 완전히 복원되는 데에는 100년이 걸린다는 산림과학원(2019년) 보고도 있다. 산불 예방과 초기 진화가 무엇보다 중요하다.

특히 2005년의 양양산불로 인한 낙산사 화재, 그리고 올해 의성 산불로 신라 시대의 천년고찰 고운사가 소실되는 것을 보고는, 대형산불에 무방비상태인 국가유산 전통문화재 생각에 오싹 소름이 돋았다. 목재 전통건축물은 화재에 몹시 취약하다. 전통건축물 문화재는 단지 오래된 것만이 아닌 우리 역사공동체의 기억이며, 뿌리이고 후대로 이어지는 삶의 정서다. 잿더미로 변한 문화재 앞에서 억장이 무너지는 상실감과 참담함이란⋯. 병산서원과 안동 부석사, 봉정사, 만휴정의 명운도 일촉즉발의 풍전등화였고 화를 면한 것도 천만다행 천운이라 하겠다.

불에 타는 나무들은 말이 없다. 그 숲에 함께 살던 벌레와 짐승들도 말이 없다. 아프다고 억울하다는 뒷말도 하나 없다. 말 못 하는 강아지나 고양이도 가축병원에 데려가 주사라도 맞히고 약이라도 먹이려면 낑낑거리고 몸부림치며 표현을 한다. 고장 난 가전제품도 당당히 AS를 요청하고 받는다. 그러나, 불타버린 숲에는 처절한 적막뿐이다. 아우성치지 않는다고 고통이 덜하고 할 말이 없겠는가? 소리 내지 않는다고 무시당해야 하는 생명은 없다. 나무도 생명이다. 생명은 똑같이 존중되어야 한다. 처벌이 능사는 아니지만, 산불과 관리의 책임도 엄중해야 할 것이다. 산불의 양태가 바뀜에 따라서 산불의 예방과 방재의 근본적인 패러다임이 바뀌어야만 하는 게 아닌가 싶다.

동시다발적으로 발생한 산불의 주불과 잔불 진화작업이 한창인 황망한 가운데서도 올해 '숲 가꾸기'의 나무 심기는 멈출 수가 없다. 그렇게 경기도 지평면 신둔역 근처, 빡빡머리로 삭발한 듯한 국유림에 백합나무의 묘목을 심었다. 언제나 같은 마음, 아프지 말고 탈이 없이 자라기를 바라는 간절한 기원도 함께 심는다. 나무는, 그렇게 어우러지는 숲은 곧 생명이고 미래이기 때문이다.

조은경 전 중등교사. 《한국수필》·《산림문학》 수필 등단, 《포에트리 슬램》 시 등단. (사)한국산림문학회 이사

어찌 소나무와 바람을 탓하는가?

「2025년 봄 경남·북 지역 산불 피해로 유명을 달리하신 고인에게 머리 숙여 명복을 빌며 회생하기 힘든 상처를 입은 이재민에게 하루바삐 힘내시라는 말로 위로를 대신하며 다시는 인재人災로 인한 산불 피해만큼은 결단코 막아야겠다고 다짐하면서 이 글을 씁니다.」

지난해 식목일에 경북 울진 산불 지역에 전국 각지의 산림문학회 40여 명의 회원이 새벽잠 설치며 비를 맞으면서 푸른 숲을 꿈꾸고자 작은 정성을 괭이로 구덩이를 파고 양손으로 묘목을 정성스럽게 보듬어 심어주면서 '이제는 이보다 더 큰 산불은 나지 않겠지'라던 생각이 엊그제인데 이번에는 그보다 더 큰 불이다.

매년 대형산불이 나면 죄 없는 소나무에 책임을 전가하며 소나무는 나무 꼭대기까지 불이 붙는 유일한 수림대라고 이야기하며 참나무와 소나무를 가지고 어느 나무가 불이 잘 붙는가를 실험하는 그것도 부질없는 일이며 산림청의 숲 가꾸기 정책이 잘못되어 인위적 개입이 산불 피해를 키웠다는 등 온갖 언론에서 전문가를 동원해 방법론을 제기하고 있으나 일회성 캠페인으로 그칠 따름이다.

우리는 흔히 나무 중에 가장 불쌍한 나무가 '가로수'라고 하며 이들은 모두 옮겨진 나무로서 이민자 1세대라고 칭하기도 한다. 그러나 이들은 2세대로 이어질 수 없는 환경에서 벗어날 수 없어 인위적으로 베어지거

주원섭

나 자연사할 때라야 그 수명을 다한다.

아울러 60, 70년대 벌거숭이산에서 65%가 넘는 울창한 숲으로 변한 우리의 산림은 어쩌면 가로수에 비하면 자유를 찾은 나무들로 보이겠지만 이들에게 주어진 자유는 매년 봄철이면 연례행사처럼 곳곳에서 대형 산불로 이어져 순식간에 잿더미로 만드는 악재를 피할 길이 없다.

지난봄 산불이 진화될 즈음 산청-하동 지역 산불 현장을 찾을 기회가 있어 직접 눈으로 보니 현장은 너무도 처참하였고 몇몇 나무들은 겨우 불은 버텨냈지만, 온전히 소생하기는 어려워 보였으며 대부분의 나무는 푸르름을 빼앗기고 앙상하게 그을린 숯덩이로 변해있었다. 주변 마을의 타버린 가옥들을 바라보니 지역 주민의 마음이 얼마나 아플까? 하는 생각에 눈시울이 뜨거웠다.

25년 전 강원도의 산불 피해 현장은 아직도 민둥산으로 산림으로서의 복원을 못 하고 올해 봄 경남·북 지역의 산불피해액은 1조 원을 훨씬 넘으며, 피해지역의 생태계를 완전히 복원하는 대는 100년 이상이 걸린다는 학계의 보고가 연일 보도되고 있다.

산불로 인해 다수의 이재민, 천문학적인 재산 피해와 함께 지역의 주택, 사찰, 창고 등 건축물이 소실되고 또한 멸종위기종 야생동물들과 생태계가 산불로 인해 큰 피해를 보았다. 대형산불로 인해 희생된 지역 주민들과 야생 동·식물, 숲 생태계를 위해 이제는 숲의 혜택을 듬뿍 받은 우리가 이들에게 무엇으로 이바지해야 하는지를 일깨워 주는 대목이다.

우리나라 숲의 규모로 보아 외국의 대형산불과는 달리 그 원인은 모두 자연적으로 발화할 환경이 못 되며 모두 인위적으로 발생한 재난이었다. 이런 대형산불은 지역 주민들의 소중한 재산과 생태계 그리고 생명들을 빼앗아 갔다. 말 못 하는 생명들이 얼마나 많이 희생당했는지 현장의 참혹함을 바라보며 우리는 무엇을 어떻게 해야 하는지를 고민할 수밖에 없다. 그 와중에서도 재난 지원금을 준다고 하니 그날부로 주민등록을 이전하는 사람들이 늘고 있다고 하니 딱한 노릇이다.

나무는 태어나면서 죽음과 동거하며 이들의 광합성은 빛의 마술로 무에서 유를 창조하는 기술이며 지구에서 이루어지는 일 가운데 가장 거룩한 행위로 이를 흠모하기라도 하듯 우리 조상들은 모내기가 끝나면 사물놀이를 통해 작물이 잘 자라라고 용기를 북돋고 벌레에게 겁을 주어 달아나게 하는 의식이 있었듯이 그만큼 자연을 사랑하는 마음을 행동으로 옮기는 실천 의식을 가지기도 했다. 그렇다. 진화 장비도 더 갖추어야지만, 우선 너나 할 것 없이 우리 모두 조금만 관심을 가지면 초기 산불의 발화지점을 없앨 수 있는 제일 나은 방법이 될 수도 있음을 이글을 통해 함께 하고자 한다.

인류가 출현한 이래 숲과 인류의 관계는 그 모양새가 이상한 방향으로 흘러 '문명 앞에는 숲이 있고 문명 뒤에는 사막이 있다'라는 은유적 표현이 나올 정도이다. 이러한 나무도 살리고 추위와 건조, 산불 등으로부터 자신을 보호하려는 생리적 현상이나 병이나 충해에서 벗어나려고 노력한다.

바람은 생명 있는 것들을 일으켜 세우는 힘, 이점도 있지만 산불을 더욱 번지게 하는 양면성을 지닌다. 그렇다고 바람을 어찌 탓하랴!

나무의 죽음은 대부분 자연사일 것으로 생각하기 쉽지만, 씨앗 한 톨에서 비롯되어 고목이 되고 죽음에 이르기까지는 로또에 당첨될 확률만큼 드물다. 그만큼 경쟁에서 살아남은 나무들이 인간의 가증스러운 탐욕으로 하루아침에 이 세상에서 사라져야 한다니 우리의 책임을 통감한다.

문명이 발달할수록 이웃 간에 나누는 문화는 사라지고, 자신의 이득만을 챙기는 나는 나 너는 너로 구분되며, 모든 그것이 풍족해진 시대를 사는 사람들에게 나무는 어떤 생각 할까?

나무에 물어본다. 아마도 그들의 시선은 차가울듯하다. 염치없지만, 화마에 길을 잃었어도 다시 새싹으로 우리 품에 돌아오라고 간곡히 청해본다.

주원섭 《수필 시대》 수필 등단, 산림교육전문강사, 사)한국산림문학회 이사, 홀씨연구소 자연과생태 연구위원, 3사 문학회장 역임. 저서 『오늘도 숲에 있습니다』. 한국꽃문학상 수상

불火과 물水, 그리고 나무木

불과 물은 예로부터 자연 만물의 근본 물질 중 중요한 요소로 인식해 왔다. 그러면서 두 물질은 서로 극단의 대립적 물질로서, 두 물질로 대표되는 상극의 기운이 우주 만물의 변화를 일으킨다고 믿어왔다. 동양에서 불火은 하늘에 높이 떠 있는 태양日에서 유래한 양기陽氣를 대표하는 물질이고, 물水은 땅의 가장 낮은 곳에 위치하여 차가운 성격의 음기陰氣를 대표하는 물질이다. 음기와 양기의 세력이 순환적으로 강약을 반복하는 단계를 오행五行이라 하는데 물은 나무를 낳고 나무는 불을 낳는다(水生木 木生火). 즉 나무는 극단적인 불과 물의 인과관계 연결선의 중심에 자리한다. 물의 기운이 나무를 대표로 하는 생명 작용의 근원이라고 하는 '수생목水生木'의 논리는 그리스의 물 철학자 탈레스(Thales)에게서도 보인다. 탈레스는 본래 농학자였는데 생명의 시작점인 모든 씨앗에 물이 들어가야 생명 작용이 일어나는 것을 보고 물을 생명의 근본 물질로 보았다고 한다. 또한 나무가 불을 낳는다는 목생화木生火의 논리는 선사시대 인류가 오랜 기간 나무를 서로 마찰시켜 불을 일으킨 것에서 유래한 매우 소박한 논리이다. 인도의 고대 경전 우파니샤드(Upanishad)에서는 고대의 불을 일으키는 방법인 나무를 비비는 것을 설명하면서 나무를 인간의 몸으로, 비비기를 명상으로, 일어나는 불을 빛나는 신神으로 묘사한다. 고대에 불을 얻는 나무의 비비기는 일상생활에서 나무의 매우 긴요한 기능이자 불을 생산해내는 성스러운 행위 그 자체였다. 반면 그리스의 불 철학자 헤라클레이토스(Herakleitos)는 불을 모든 만물의 근본 물질로 보고 불의 끊임없는 운동성을 만물의 속성으로 보았다. 그는 불이 타고 나서 남은 것이 공기와 물과 흙, 동식물 등 만물이 되었다고 하여 '목생화木生火'가 아니라 '화생목火生木'의 논리를 편다고 할 수 있다. 사실 나무는 물도 필요하지만, 그보다 빛(태양)이 더 필요한 존재이다. 나무가 체내에 지닌 탄소화합물은 광합성 작용에 의한 물과 불(빛)의 합성물이다. 그렇다면 헤라클레이토스의 논리도 맞다고 할 수 있다.

불은 가장 강력하면서 그 근원이 높은 곳에 있어 예로부터 숭배의 대상이 되었는데 이집트와 인도의 태양신 숭배와 중동지역의 배화교 전통이 그것이다. 반면 물은 불만큼 숭배의 대상이 되지는 않았는데, 다만 주요 운송수단인 선박의 안전을 위해 바다와 강의 신에게 일시적으로 제물을 바치는 정도에 머물렀다. 불을 숭배하고 물에 제물을 바친 것은 그만큼 불과 물을 인류가 가장 무서운 것으로 인식하였기 때문이다. 불과 물은 비록 상극이지만, 모두 지구상의 생명을 멸절시킬 수 있는 재난의 두 근원이기도 한 점에서 공통점이 있다. 성서에는 대규모적인 신의 심판이 두 가지가 나오는데, 하나는 물 심판으로 창세기에 나오는 대홍수 사건이 그것이며, 다른 하나는 불 심판으로 요한계시록에 나오는 말세 때의 종말적 심판이 그것이다. 이렇게 신의 심판의 수단으로 나오는 불과 물은 그로 말미암은 재난이 인간이 극복하기 어려운 거대 재난임을 말해준다. 성서에는 그와 함께 나무木가 때론 실제적이면서 때론 상징적인 존재로 나오는데, 바로 구원의 수단과 상징으로 언급되고 있다는 점이 주목할 만하다. 즉, 홍수심판 때 노아는 전나무로 만든 거대한 방주로 그 가족과 수많은 동물을 구원하였고, 최후의 심판인 불 심판 때는 나무로 만들어진 예수의 십자가가 마지막 때 구원의 상징이 된다. 특히, 신은 창세 때 에덴동산(최초의 숲)에 생명나무를 두어 인간의 영생, 즉 구원의 수단으로 나무를 세계의 중심에 두었으며, 신이 말세 때 땅을 불사르며 땅에서 연기와 황충이 올라와 생물들을 멸절할 때, "땅의 풀이나 푸른 것이나 각종 수목은 해하지 말라(요한계시록 9:4)."고 명령하신 대목은 의미심장하다.

  불과 물이라는 최대의 재난 요소로부터 인류를 안전하게 보호하기 위해 불과 물을 통제하려는 인간의 노력은 오래전부터 시작되었다. 그런데 그 통제 수단은 바로 나무木로 일으킨 문명의 발전이며, 인류 역사는 불과 물로 대표되는 자연 재해·재난을 극복해온 역사이다. 신만이 통제하던 불을 프로메테우스가 인간에게 가져왔다는 그리스신화는 불을 통제하고 이용한 역사가 오래되었다는 것을 알게 해 주며, 앞서 목생화木生火를 말했듯이 인간은 나무를 사용함으로써 불을 일으키고 불을 통제해왔다. 물에 대한 통제는 고대 수메르 문명과 중국 황하문명 등에서 기록으로 알 수 있는 바와 같이 나무와 흙을 사용한 거대한 토목 관개 시설을 통해 이루어졌다. 오늘날 우리 인류가 불을 어떻게 다루어야 하는가는 또 다른 국면을 맞고 있다. 약 300년 전부터 써 온 땅속(地中)의 불, 즉 화석에너지 시대를 정리하고, 하늘(호中)의 불, 즉 태양열, 풍력 등 청정에너지 시대로 이전하는 불의 혁명을 이루어야 하는 국면에 와있다. 최근 우리나라 경상도 일대를 휩쓴 초대형 산불을 비롯하여 지구촌 곳곳에 번지는 거대한 산불들은 인류가 땅속의 불인 화석에너지를 무분별하게 써 온 반작용으로서 일종의 불의 심판이기도 하다. 산불작용을 미시적으로 볼 때, 불을 낳는 나무를 가꾸고 키우면서 불을 또한 방지해야 하는 딜레마 상황에서 불을 일으키지 않거나 조기에 감지하여 적극적으로 불을 끄는 다양한 정책과 노력이 강구되어야 할 것이다. 이와 함께 거시적으로 본다면 더욱 적극적인 불의 혁명, 즉 에너지 전환이 이루어져 기후를 안정시키고 불을 직접 일으키지 않아도 되는 안전하고 청정한 에너지 체제로 가는, 멀지만 근본적인 길을 가야만 한다. 현시대가 직면한 거대한 기후 위기 시대에 나무와 숲을 지켜내어 산림생태계를 보전하고 확장해 나가는 것이 바로 우리 인류를 지키는 길이며, 예로부터 우리 인류의 지혜가 말해온 나무木를 통해 구원을 이루는 일이다.

최병암 《산림문학》 시 등단. 제33대 산림청장·한국치산기술협회 회장 역임. 현)김&장법무법인 상임고문, (사)한국산림문학회 부이사장. 시집 『나무처럼』. 제3회 산림문학상 수상

백년지진 百年之陣을 안목으로

지금으로부터 20여 년 전으로 생각된다. 그해는 여름에 수해도 심했다. 비례하여 겨울엔 눈도 많이 와서 교통에 불편을 많이 주었다. 그뿐만 아니라 설악산에서부터 단풍이 곱게 물들자, 오랜만에 여행에 부풀었던 꿈들을 송두리째 앗아가 버렸었다. 게다가 설악산국립공원 입구인 낙산사 부근에서 대형화재 사건이 나서 세상을 놀라게 했었다. 각 방송국의 뉴스나 일간 신문사들은 앞을 다투어 그 보도에 열을 올리고 있었다. 그러나 어수선하던 그 순간도 잠시, 세월이 흐르니 까맣게 잊히고 말았다.

3년 후, 대학 같은 과 친목회 모임이 설악 해수욕장에 있는 동덕여자대학의 별장에서 있었다. 봄과 가을로 1년에 2회 모임을 갖는다. 그곳에 도착하자마자 경악을 금치 못했다. 별장의 바로 뒷담 직전까지 새까만 재가 그대로 보였다. 3년이 지났는데도 나무 한 그루 자라지 못하고 새까만 잿더미로 남아 있는 모습을 보고 놀라지 않은 사람이 없었다. 결국 우리 일행은 여행 짐을 풀기에 앞서 낙산사를 방문하기로 했다. 잿더미가 된 낙산사를 위해서 성금을 모금한 기억이 있었기 때문이다. 한창 복원 작업을 하고 있었지만, 그 일대 전체를 보니 말문이 막혔다. 그렇게 그 가을의 동기동창회는 씁쓸한 모임으로 끝을 맺었다.

그 후 자질구레한 화재가 매년 계속되었다. 그러더니 올겨울은 대형화재가 연이어 일어나고 있다. 속이 답답하기만 하다. 공장에서 대형화재가 연중 끊이지 않더니 요즘은 대형 산불이 꼬리에 꼬리를 잇고 계속되고 있다. 이를 천재지변으로만 돌리기에는 무엇이 헛도는 것이 아닌가 싶어 안타깝기만 하다. 특히 울산광역시, 온양, 하회마을 등지에서 계속되는 산불도 놀랍지만 그것도 부족한지 전라남도 지리산국립공원까지 산불이 침범하는 것을 보니 도시 잠이 오질 않는다. 화마가 한번 훑고 지나가면 그 산이 푸르게 되기까지는 적어도 30여 년 이상이 소요된다고 하니 강산이 세 번 이상 변해야 한다는 두려움이 앞을 가린다. 정말 화마火魔가 한번 훑고 지나간 자리는 눈 뜨고는 볼 수 없을 정도로 처참하다.

특히 이번 산불 사고에서는 진화 헬기가 2대나 추락하였다. 그 조종사의 억울한 원혼은 누가 달래줄 것인가, 그리고 그 가족의 허한 마음은 무엇으로 메워 줄 것인가? 그뿐만 아니라 이번 화재로 사망한 소방대원과 민간인이 날로 증가하고 있는 것을 보면서 가슴을 쥐어짜 본다. 갑자기 화재가 너무 심하게 각지에서 일어나니 북괴의 공작에 의한 것이 아닌가 하는 의구심마저 든다. 물론 아니길 기대하지만, 그들은 수단과 방법을 가리지 않는 생리를 가진 집단이라는 것을 전방에서 군대 생활을 한 사람이라면 다 알고 있는 사실이 아닌가. 소위 스위스에서 유학 생활을 했다는 사람이 이제는 장마당 행위도 완전히 통제하는 입장이고 보면 알 만도 하다.

문제는 화재가 난 뒤에 뒷북을 칠 것이 아니라 사전에 방비하는 지혜가 중요하다고 본다. 요즘 내 고장 안면도에는 하루에 3번씩 군청과 읍사무소에서 화재 예방에 대한 방송을 마을마다 다니며 매일 실시한다. 너무 자주 하니까 귀가 아플 정도로 구차하지만 그래도 경각심을 주는 덴 효과적이라고 생각이 된다. 원래 유사 이래 안면도에는 수해와 가뭄, 화재가 없는 고장으로 유명하다. 그러나 해마다 가을 단풍철에서 나뭇

잎이 피는 봄철까지 산불 예방지기를 안면 읍사무소와 안면도 고남면에서는 임시직원을 특별 채용하여 운영하고 있다. 그분들은 2인 1조로 점심시간을 제외하고는 아침 8시부터 오후 6시까지 끊임없이 담당 지역을 계속 순찰을 한다.

개중에는 담배를 못피우는 사람도 있으나 이 7개월 동안은 인근 개인 주택에 들어가 안전한 곳에서 피우는 것이 철칙으로 되어있다. 내 막냇동생은 원래 담배라면 골초로 유명하다. 그는 이 기간에 담배를 피우는 것이 순찰보다도 더 힘이 들었다고 실토했다. 아무튼 그들의 노고로 주민들은 안심하고 삶을 영위할 수 있는 평온한 지역이 될 수 있다. 아울러 주민 누구나 그 정신을 본받아 자신도 모르는 사이에 내 마을을 지키는 파수꾼이 되는 것이다.

이런 마음과 정신만 계행繼行(Keep on doing)된다면 분명 그들의 마을은 화재로부터 축복을 받을 것이다. 그리고 그 정신은 안면도로부터 전주, 목포, 여수, 부산, 울산, 삼척, 강릉, 속초, 춘천, 서울, 인천, 평택으로 우리나라 전역에 울려 퍼질 것이다. 그래서 유사 이래 화재가 없었던 안면도의 정기가 고루 퍼지기를 기원해 본다. 그리고 주민 개개인이 스스로 파수꾼이라는 자세를 적극적으로 갖고 화재 예방에 앞장서는 역군이 되도록 해야 한다.

이는 아무리 강조해도 부족하지 않을 것이다.

편영의   2024년《산림문학》수필 등단. 대전 성모여고 교감으로 퇴직. 대전 문화예술연구원 차석 연구원 근무. (사)한국산림문학회 회원. 수필집 『나는 안면도 별빛지기』

꺼지지 않은 산불

　5월 19일. 의성 산불이 난지 2개월이 꽉 차고 있다. 경상북도의 발표에 의하면, 3월 22일에서 28일까지의 의성 발 산불은 약 1조 1,306억 원의 재산 피해를 남겼다. 산림 소실 약 99,490ha, 사망 26명, 이재민 3,509명, 주택 피해 4,4,58채, 농수산 분야, 중소기업 등 엄청난 피해를 남겼다.

　점심을 먹고, 의성 산불로 소실된 고운사孤雲寺로 향했다. 신라 신문왕 원년(681년)에 의상義湘이 창건하고, 그 후 최치원이 중건한 천년 고찰 고운사. 이번 산불로 대웅보전만 남기고 대부분의 건물이 소실됐다. 보물로 지정된 문화재인 연수전延壽殿과 가운루駕雲樓도 전소됐다. 계곡을 가로질러 지어진 가운루는 계곡을 바치는 돌기둥만 넋 나간 모습으로 힘없이 서 있다. 타버린 범종각 터에는 열기에 일그러지고, 아래로 몸통 전체가 쫙 찢어진 범종만이 덩그렇게 앉아 있다. 고운사를 둘러싼 등운산은 마치 숯가마를 열어 놓은 듯 타다 남은 나무들만 빽빽이 서있다.

　갑자기 눈물이 주룩 흘러내렸다. '고운사'라는 이름과 '최치원'이라는 이름만 떠오른다. 아내와 나들이하듯 다녀갔던 기억만 주마등처럼 지나간다. 아내가 팔을 꽉 잡는 바람에 몸이 흔들리는 것을 알았다. 처참한 광경에, 산불의 무서움에 잠시 정신을 놓은 듯하다.

　마음을 가다듬고, 주변을 둘러보았다. 기왓장 불사를 하고 있다. 종교적 신념 이런 것과는 벽을 쌓고 살아온 철저한 무신론자이기에 기왓장에 어떤 말을 써야 하는지 생각해 본 적도 없다. 잠시 마음을 가다듬고, "아픔을 함께 합니다. 빠른 복원을 기원합니다." 라고 썼다. 그런데

3월 25일, 대웅보전만 남기고 전소된 고운사 경내

전소된 고운사 범종각터에 남은 범종

불사장 바로 옆 소실된 건물더미에서 연기가 피어나고 있다. 고무 호수 줄이 연기 나는 부분에 꽂혀 있다. 스님의 말씀에 의하면, 종무소 지하에 보관된 서류가 아직 타고 있고, 그 연기라는 것이다. 산불이 꺼진지 2개월. 아직 '산불은 꺼지지 않았구나.' 천년 고찰 고운사의 지하 창고에는 아직도 산불이 타고 있구나. 진화 과정에 소방호스로 물을 쏟아 부었고, 비가 엄청나게 쏟아졌지만, 고운사 지하에는 아직도 산불이 꺼지지 않고 타고 있구나. 무엇이 담겨 있어 저렇게도 오래오래 타고 있을까?

밤잠을 설치며 생각했다. 잿더미로 변한 건물 지하에서 피어나는 연기를 다른 형태로 변화시켜 산불의 무서움을 일깨우는 교육의 장으로 활용할 수는 없을까? 아직도 꺼지지 않은 산불. 미국 엘링턴 묘지에 타오르는 존 에프 케네디 전 미국 대통령의 "영원한 횃불", 그런 것처럼. 불교계에서 내 제안을 수용할 수 있을까? 산림청 등 관계 기관에 협조를 얻어 현장을 촬영해 둘 필요가 있다. 누구에게 부탁할까? 혼자서 내릴 수 없는 결정을 수도 없이 내리며 밤잠을 설쳤다.

20일 아침 일찍 고운사로 향했다. 스님에게 찾아온 취지를 간략히 말씀드렸다.

"어제 소실된 건물 지하에서 나오는 연기를 봤다. 지하 창고에 아직 불이 타고 있는 연기라고 들었다. 이 현장을 보존하거나 어떤 조형물 같은 것으로 대체해서 산불 교육의 장으로 활용할 수는 없을까? 산림청 등 관계 기관과 연계 통한 자료 확보 등에 대한 고운사 입장을 듣고 싶다."

스님의 답은 단호했다.

"연기는 없다. 비가 온 후라 열 받은 수증기다. 지금은 어떻게 복원할 것인가에 전력을 다하고 있다. 사찰 경내에는 어떤 조형물도 설치할 수 없다. 부처님 가르침이 어쩌고저쩌고, 조형물이 어떻고 하는 그런 말에 신경 쓸 겨를이 없다. 산림청장 등 관계 기관에 계신 분들 자주 온다. 그런 신경 쓰지 않아도 된다."

너무 단호하여 약간은 당혹스럽기도 했다. 갑자기 조형물 사기꾼으로 오해받는 것 같은 생각이 들어 서둘러 일어났다. 분명히 수증기가 아닌 연기였다. 한 곳에서 집중적으로 올라오고 있었고, 고무호스가 놓여 있었다. 어제 스님은 연기라고 했는데 …

　타버린 산림은 시간이 지나면 다시 자란다. 그러나 검붉게 춤추는 화마에 쓰러지는 집이나 새까만 숯덩이로 변한 가족의 시신을 본 피해 가족은 이승을 하직하는 순간까지도 그 모습을 잊지 못할 것이다. 그들의 가슴 속에는 영원히 꺼지지 않은 산불로 남을 것이다.

　"꺼지지 않은 산불!"
　'고운사 소실된 건물 지하 창고에 산불 소실 2개월이 되도록 꺼지지 않은 불.' '피해자의 마음에서 영원히 꺼지지 않을 산불.' 고운사 경내 또는 경외에 어떤 무언가를 만들고, 산불의 위험을 알리는 교육의 장으로 활용한다면 참으로 좋을 텐데. 아쉬움이 크게 남는다. 어떤 방법이 없을까?

한태천　2021년 《산림문학》 신인상 수필 등단, 한국산림문학회 이사, 학교법인 숭선학원(경운대학교) 법인 이사, 경운대학교 명예교수

무엇이 화마火魔를 불러일으켰는가

경북 의성과 경남 산청에서 시작되어 경상북도 북부를 강타했던 대형 산불은 단순히 뉴스 속 한 장면으로 흘려보낼 수 없는 무거운 울림을 남겼다. 거센 바람을 타고 퍼져나간 불길은 단시간에 숲을 집어삼켰고, 푸르던 산자락은 순식간에 검게 타버렸다. 하늘은 잿빛 연기로 가려졌고, 마을 사람들의 얼굴에는 깊은 불안과 안타까움이 가득했다. 그들이 평생을 함께 살아온 산과 들, 그리고 삶의 터전이 하루아침에 위협받는 모습을 지켜보며 많은 국민이 가슴 아파했다.

작은 불씨부터 시작된 산불은 한순간에 이른바 한 지역을 포위하여 "화마"로 변했다. 작은 불씨가 점점 확대되면서 다른 표현을 빌리자면 전쟁이 난 것이다. 맞다, 전쟁이다.

주름진 땅 집어삼킨 자비 없는 '괴물 산불' 전국에서 동시다발적인 발생으로 이어졌다. 이 중에서도 경북 의성에서 시작된 산불이 특히 심각했다. 의성 산불은 순식간 안동시, 청송군, 영양군, 영덕군까지 번졌다. 산불과의 전쟁은 승리란 없다. 불길을 잡았다고 이긴 것 같지만 무자비한 화마에서는 원천적으로 승리란 있을 수 없다. 일단 화마에 휘말리게 되면 우리가 모두 하나같이 피해자일 뿐이다. 그런 줄 알면서도 해마다 이맘때면 화재가 끓일 새가 없다.

산불은 그 어떤 성격의 것을 막론하고 안전 불감증과 '내가 이거 좀 태운다고 해서 산불이 나나'라는 안전 무지, 어리석음에 비롯된다. 어쩔 수 없는 자연 발생적 화재도 있긴 하지만 한 꺼풀 벗겨보면 이보다 무서운 인간의 안일함과 이기심이 한몫 깔려있다. 화재의 결과 무엇을 얻고 어떤 것을 잃을 것인지 뻔한데도 그 어리석음이 되풀이 되고 있다.

 최근 10년간 발생한 산불 총 546건 중 223건(41%)이 실화失火에 의해 발생한 것으로 나타났다. 실화 유형 별로는 입산자 실화가 171건(31%)으로 가장 많았고, 담뱃불 실화 35건(7%), 성묘객 실화 17건(3%) 순이었다.

 전국 곳곳 동시다발적인 '산불 사태' 가운데 경북지역 5개 시·군을 휩쓸고 있는 의성 산불의 최초 발화는 성묘객에 의한 실화에 따른 것으로 파악됐다.

 경남 산청군 산불은 인근 농장에서 A씨가 예초기로 잡초 제거 작업 중 불씨가 튄 게 원인으로 추정되고 있다.

 울산 울주군 온양읍에서 발생한 산불도 인근 농막에서 용접 작업 중 발생했다. 이밖에 충북 옥천·영동 화재는 쓰레기 소각, 김제는 성묘객 실화로 추정되는 불이 났다.

 이처럼 국내 산불은 대부분 개인의 사소한 부주의로 인해 발생하고 있다. 전체 산불 중 24% 정도가 산에서 소각하던 중 불똥이 번져 산불로 이어진 경우인 셈이다.

 모든 불은 그랬듯이 한번 일어난 화재는 반드시 그 끝이 있지만 반복되는 화재를 극복하려면 지금까지 정책에서 벗어나 원점부터 다시 계획을 세워야 한다.

 2022년 3월 울진 산불 때 응봉산 권역은 산림 면적의 19%가 탔다. 반면 인근 소광리 지역의 피해는 6%에 그쳤다. 두 곳의 피해 규모를 가른 것은 임도林道(임산도로)였다. 소광리는 임도가 있어 소방차가 올라가 불을 잡았지만, 응봉산 임도는 너무 짧았다. 임도가 있으면 물 3t을 실은 소방차에서 호스를 2km까지 뽑아 산불과 직접 싸울 수 있다. 소방 헬기가 뜰 수 없는 야간에도 진화가 가능하다. 임도 유무에 따라 산불 진화 효율은 5배 차이가 난다고 한다. 그런데 우리나라 임도는 일본의 6분의 1, 독일의 13분의 1이다. 환경 단체 등은 산림 훼손, 야생동물 서식지 파괴, 산사태를 우려해 산에 길을 내는 데 반대하고 있다.

민둥산이던 한국 산은 녹화 사업 성공으로 울창해졌다. 그런데 숲이 지나치게 빽빽하면 작은 나무와 낙엽 등이 산불의 연료로 쌓인다. 불씨가 빽빽한 나무들 윗부분으로 더 잘 옮겨붙기 시작하면 빠르게 번진다. 나무 간격 유지를 위해 솎아 베는 것이 간벌間伐이다. 잡목이 줄어 소방 활동도 쉬워진다.

중국은 2008년 베이징 올림픽을 앞두고 '인공강우'로 대기를 깨끗하게 만들었다. 2018년 네이멍구 산불 때도 인공강우를 했는데 "수천 명이 화재 진압에 나선 효과"라고 했다. 인공강우는 일반 구름에 수분을 빨아들이는 화학물질을 뿌려 비구름으로 바꾸는 것이 핵심이다. 1946년 미국이 처음 성공한 기술이다. 우리 기상청도 2018년 기상 항공기를 도입해 관련 실험을 하고 있다.

이와 함께 한 번에 1만ℓ 정도의 물을 공중에서 투하할 수 있는 대형 헬리콥터의 확충이 시급하다. 산림청이 보유하고 있는 헬리콥터는 8천ℓ 용량의 대형 헬기 7대, 3천ℓ 용량의 중형 헬기 29대(러시아제 헬기로 러시아·우크라이나 전쟁 탓에 부속품 공급이 중단돼 21대만 가동 중), 2천ℓ 용량의 중소형 헬기 2대다. 각 지방자치단체가 민간에서 임차한 헬기도 77대나 있지만 대부분 1천~2천ℓ 용량의 중소형 헬기다. 산불 진화용 헬기는 주문 제작이기 때문에 계약 후 약 3년(30개월)이 지나야 도입할 수 있다. 지금도 늦지 않았다. 1대 가격이 550억원에 달해 비싸지만, 국가 안보를 지키고 사회재난을 방지하는 차원에서 예산을 투입해야 한다. 아울러 고성능 산불 진화 차량 등 산불 진화 장비를 대폭 확충해 나가야 한다. 산림청이 현재 29대를 보유하고 있는데 적어도 100대 이상은 확보해야 한다.

특히 전문 산불 진화 인력을 늘려야 한다. 산불 진화 인력은 산림청 소속으로 100여명의 공중진화대(공무원), 산불재난특수진화대(대부분 공무직, 일부는 계약직), 지자체 소속 산불예방진화대(대부분 산불 기간에만 고용하는 계약직)가 있다. 이제는 산림재난방지단으로 통합해 관리하고 가능하다면 일정 기간만 고용하는 형태가 아니라 연중 고용해 전문교육 등을 통해 기량을 향상시키고 고용의 안정성을 보장해야 한다.

이 못지않게 실수로 산불을 내더라도 처벌과 민사상 배상 책임을 지워져야 한다. 산림보호법 53조에 따르면 과실로 산불을 낸 경우 3년 이하 징역 또는 3,000만원 이하의 벌금에 처할 수 있다. 문제는 실제 처벌로 이어지는 사례가 많지 않다는 것이다. 좀 더 강력한 처벌로 모든 국민이 경각심을 가질 수 있도록 해야 한다. 해마다 부주의에 의한 산불 피해가 반복되고 있지만 이에 대한 처벌 수위는 약하다는 지적이 나온다. 전문가들은 처벌 강화와 더불어 국민 스스로 경각심을 가질 수 있는 교육을 강화해야 한다고 조언했다.

중앙재난안전대책본부의 발표에 따르면, 이 글을 쓰는 현재(2025. 3. 29)까지, 산불로 인해 70명의 사상자(사망 29, 중상 10, 경상 31)가 나왔고, 1만에 가까운 이재민이 발생했고, 수천 세대의 주택과 산림이 폐허가 되었다. 이미 2000년 동해안에서 발생한 산불 피해를 훌쩍 뛰어넘었다. 산불 진화가 마무리되고 최종 피해 규모가 집계되면 그 재난의 규모는 언급하기 싫을 만큼 늘어나 역대 최대로 기록될 것이 뻔하다.

 이번 화재로 가슴 아픈 일이 많이 발생하였지만 따뜻한 미담이 연일 보도되고 있다. 산불 피해현장을 찾아 삶의 터전을 잃은 이재민을 위로하는 등 줄이 이어지고 있다. 어느 많은 독지가는 도시락 500개를 지원, 어느 중소기업을 운영하는 기업인은 속옷과 양말 등 생필수품을 전달 등 연일 다양한 미담으로 화제가 되고 있다. 천년 고찰 고운사와 운람사가 결국 산불 화마에 무너지면서 스님의 안타까운 심경이 담긴 인터뷰를 보다가 가슴이 미어지듯 하였다. 위로하는 신도도 결국 울음이 터지는 모습을 보게 되었다. 중견 유통기업인 한 회사가 100억 원과 3억 5000만원 상당의 구호 물품을 사랑의 열매 사회복지공동모금회는 기부하여 화제가 되기도 하였다. 이뿐만 아닐 것이다. 보도가 되지 않은 숨은 화제의 이야기가 더 많을 것이다.

 산불 소식으로 근 1주일간 가슴이 타는 듯 조마조마했다. 이후 잦아들고 있다는 소식에 피해가 심한 산불 지역을 검색하다가 예전에 누군가가 블로그에 올린 꽃 사진 한 장이 눈에 들어왔다. 사실, 꽃에 그리 관심이 없고, 관심 밖이다 보니 무심코 지나가는 일들이 많았다. 그런 내가 제비꽃 사진 한 장을 보고 관심을 보이다니.

 어디에서나 흔히 볼 수 있고 심지어는 콘크리트 부서진 틈이나 벽돌 사이 같이 척박한 환경에서도 꽃을 피우는 제비꽃. 도저히 살기 어려워 보이는 곳에서도 어김없이 자생하는 꽃. 이 꽃도 패해를 입었을까. 척박한 땅 위에 뿌리를 내리고 살면서 햇빛까지 좋아하니 피해를 입었다 하더라도 강인한 생명력으로 다시 새 생명으로 태어날 것이다.

내년 봄이 오면 늠름하고, 대견한 봄꽃들과 눈인사라도 해 보면 어떨까 싶다. 그곳에는 제비꽃만 아니라 자세히 보면 우리가 미처 생각지 못한 다양한 꽃들이 참 많을 것이다.

※ 산불 원인, 대책은 신문, 방송 등에서 전문가들이 내놓은 기사 내용을 일부 발췌 요약함.

홍만희 2009년 《서정시학》 시·2016년 《산림문학》과 《시에》 수필 등단. (사)한국산림문학회 이사. 미래목운영위원. 시집 『책 한 권』. 제6회 산림문학상 수상

절망의 숲에서도
희망의 나무를 심는
한국문인 116인의 글

산불에 길을 잃어도 울림의 싹으로 돌아오라

발행일	2025년 10월 18일
발행인	김선길
발행처	사단법인 한국산림문학회
등록일	2021년 7월 14일(제2021-000039호)
주소	서울특별시 동대문구 회기로 57
대표전화	02)3293-2004
팩스	02)3293-2071
홈페이지	www.kofola.co.kr
이메일	kofola@hanmail.net
기획·편집	이서연

❖ 이 책은 산불 성금의 일부 지원으로 제작되었습니다.
❖ 이 책에 실린 모든 내용 디자인, 이미지, 편집 구성의 저작권은 사단법인 한국산림문학회에 있습니다. 허락없이 복제하거나 다른 매체에 실을 수 없습니다.

ⓒ사)한국산림문학회 2025
ISBN 979-11-975359-9-4(03810)
값 20,000원